立德树人视域下职业学校积极德育模式构建与实践

戴健斌 著

吉林大学出版社

·长春·

图书在版编目(CIP)数据

立德树人视域下职业学校积极德育模式构建与实践 / 戴健斌著.--长春：吉林大学出版社，2023.9

ISBN 978-7-5768-2065-2

Ⅰ.①立… Ⅱ.①戴… Ⅲ.①德育－教学研究－职业教育 Ⅳ.①G711

中国国家版本馆 CIP 数据核字(2023)第 169019 号

书　　名	立德树人视域下职业学校积极德育模式构建与实践 LIDE SHUREN SHIYU XIA ZHIYE XUEXIAO JIJI DEYU MOSHI GOUJIAN YU SHIJIAN
作　　者	戴健斌
策划编辑	黄国彬
责任编辑	张维波
责任校对	王　蕾
装帧设计	繁华教育
出版发行	吉林大学出版社
社　　址	长春市人民大街 4059 号
邮政编码	130021
发行电话	0431-89580028/29/21
网　　址	http://www.jlup.com.cn
电子邮箱	jldxcbs@sina.com
印　　刷	廊坊市广阳区九洲印刷厂
开　　本	787×1092　1/16
印　　张	13
字　　数	230 千字
版　　次	2023 年 9 月　第 1 版
印　　次	2024 年 4 月　第 1 次
书　　号	ISBN 978-7-5768-2065-2
定　　价	78.00 元

版权所有　翻印必究

前言 PREFACE

积极心理学是一股新兴的心理学潮流,积极心理学的研究重点放在人自身的积极品质和力量方面,主张要以人固有的、实际的、潜在的具有建设性的力量、美德和善端为出发点,提倡用一种积极的心态对人的心理现象(包括心理问题)做出新的解读,从而激发人自身内在的积极力量和优秀品质,并利用这些积极力量和优秀品质最大限度地挖掘自己的潜力而获得幸福。

积极德育就是积极心理学在学生德育工作的创新发展。积极德育是相对于消极德育而提出的新的德育理念。传统的学校德育,追求的是学校秩序正常,德育方法侧重于预防违纪、处理纠纷、训诫管控、碎片化的活动。积极德育是以积极心理学、成功教育、养成教育等理论为基础,从唤醒人的美德、注重健康人格培养出发,通过有效的育德过程,激发人的积极动力,深层次地推动人的品德成长。积极德育是以人为本教育理念在学校德育中的具体体现。积极德育也是一种开放的教育,其根本方向是指向学生人格的完善和提升。

职业学校以培养社会主义现代化生产、建设、服务第一线的技能型人才为主。专业教育在职业学校中处于重要且核心的地位,学生也非常重视和乐于接受专业教育,但在职业学校中专业教育与道德教育协同性较差,道德教育的地位略显尴尬。长期以来,由于职业学校学生成绩较低,自信心不足,易出现消极道德倾向,违纪行为频发,因此,在德育工作中,教师往往过度关注学生的问题、缺点和不足,而对学生的优势、长处和潜能缺乏相应的关注。由此导致的后果是职业学校德育工作重管理轻引导、重说教轻体验、重理论轻实践。新时代的教育迫切呼吁职业学校德育理念的转型。本书从积极德育的理论基础与依据、积极德育的策略、积极认知、积极养成、积极关系、积极体验、积极团队、积极文化、积极管理等方面,论述了学校积极德育体系的构建,以期能够解决当前德育工作中存在的一些问题,促进德育工作的有效开展。

  本书在编写过程中难免存在错误和疏漏之处,恳请各位专家及读者不吝赐教。

著 者
2023 年 6 月

目录 CONTENTS

第一章 职业学校积极德育模式基础与依据 …………………………………… 1

第一节　国内外职业学校积极德育模式发展 ………………………… 2

第二节　职业学校积极德育模式现状 ………………………………… 7

第三节　职业学校积极德育模式依据 ………………………………… 13

第二章 职业学校积极德育模式理念与策略 …………………………………… 25

第一节　积极心理学与道德教育 ……………………………………… 26

第二节　职业学校积极德育模式基本理念与主要特征 ……………… 32

第三节　职业学校积极德育策略与模式构建 ………………………… 39

第三章 职业学校积极德育模式与心理环境 …………………………………… 51

第一节　职业学校积极德育模式心理环境概述 ……………………… 52

第二节　职业学校积极德育模式中心理环境的作用 ………………… 56

第三节　积极德育模式实效与营造健康心理环境的关系 …………… 69

第四节　营造健康心理环境，提高职业学校思想政治教育的实效 …… 74

第四章 职业学校积极德育模式的培养核心 …………………………………… 85

第一节　职业学校积极德育模式中积极品质的概述 ………………… 86

第二节　职业学校积极德育模式中积极品质的养成途径 …………… 97

　　　　第三节　职业学校积极德育模式中积极品质养成典型案例 …………… 106

第五章　职业学校积极德育模式与和谐视角中各因素之间的关系 ………… 113

　　　　第一节　大众传媒、个体道德与职业学校积极德育模式的关系 …… 114

　　　　第二节　社会伦理、思想道德与职业学校积极德育模式的关系 …… 123

　　　　第三节　社会变迁、家庭影响与职业学校积极德育模式的关系 …… 135

　　　　第四节　文化氛围、思想道德与职业学校积极德育模式的关系 …… 142

第六章　职业学校积极德育模式的实现途径之积极体验 ……………………… 151

　　　　第一节　职业学校积极德育模式中积极体验的概述 ………………… 152

　　　　第二节　职业学校积极德育模式中积极体验的实践探索 …………… 161

　　　　第三节　职业学校积极德育模式中积极体验典型案例 ……………… 170

第七章　职业学校积极德育模式中立德树人的探索与实践 ………………… 177

　　　　第一节　职业学校落实立德树人的理论基础和实践方法 …………… 178

　　　　第二节　遵守职业道德是职业学校积极德育模式的核心 …………… 184

　　　　第三节　爱岗敬业是职业人立德的基础 ……………………………… 189

参考文献 ………………………………………………………………………… 196

第一章

职业学校积极德育模式基础与依据

道德是人与人之间相互交往的行为规范，是调节人与人之间关系的社会准则，是在人类漫长社会发展过程中逐渐形成的，是人们用来评价是非善恶的标尺。品德也可以称为道德品质，是人在日常行为中遵循道德规范时体现出的倾向和稳定性。从实质上来讲，品德是人的一种心理体现，是道德规范对人思想和行为约束力的体现。

所以，道德是人的思想与行为的准则和规范，品德是这些准则和规范对人思想与行为的约束表现，可见，道德与品德是有密切联系的。人的品德是能被社会道德舆论、家庭成员个人品德以及学校道德教育所影响的，并能在个人的实践活动中形成并发展的。可以说，个人品德即是社会道德的缩影和体现，因此它也会受社会发展规律的影响。

德育是指道德教育，德育的含义可以从广义和狭义两个方面理解。广义上的德育指一切有计划、有目的对社会成员进行思想、道德等方面影响的活动，包括社会道德教育、社区道德宣传、学校道德教育和家庭德育等。狭义的德育指学校对学生实施的道德教育。学校德育是遵循社会要求，对学生实施有组织、有目的的思想与道德方面的影响，并且，通过学生的认知与实践活动，促进学生形成符合社会需求品德的教育活动。换言之，学校德育就是学校有目的的培养学生品德的教育活动。

第一节　国内外职业学校积极德育模式发展

一、国外道德教育理论

欧美发达国家在20世纪60年代开始出现了一大批道德教育理论学说。总体来说主要分为全球本位德育理论、社会本位德育理论以及个人本位德育理论三个学说。并且对今天的西方国家存在较大影响。国外道德教育理论主要有以下几个特点。

（一）道德教育目标以爱国主义为中心

道德教育和其他内容的教育一样，教育目标不是一成不变的。在不同时期、不同社会背景下，道德教育的目标也不相同。当然，无论如何变化，爱国教育都是不同时代各教育流派的教育目标之一。以美国为例，美国构建了一支以爱国教育、法制教育等为核心的德育目标体系，培养学生的国家荣誉感、责任感和信念感。新加坡则是形成了一套具有多层次的、动态发展的德育目标体系，以此培养学生的社会责任感，使其成为能够明辨事理的良好公民，最终形成国家与社会为先、家庭与个人为本的个人品德。

（二）道德教育理念以人本主义为核心

人本主义的德育理念要求道德教育要突出人的核心主体地位，尊重个人的需求和个性化发展，特别是青少年德育，德育目标要与青少年追求的自由、尊重和价值观联系在一起。

在重视人的个性化、自主性发展方面，西方国家的德育更为明显。以罗杰斯为代表的人本主义德育学派的德育理念核心就是以人为本，认为良好的师生关系应该是相互尊重、相互信赖的，是具有互动性质的咨询者与被咨询者。

（三）道德教育方法以隐性德育为趋势

美国教育家杜威是首个站出来明确驳斥灌输式道德教育的人，他认为，避免灌输式教育才是道德教育的核心。换言之，道德教育应该是一种"开放式"教育，要培养的是学生的道德思维能力和批判性思维能力。并且，道德教育要与学生道德发展的规律相适应，针对不同年龄阶段的学生应选择他们能够理解并接受的教育内容和方式。此外，他提倡应通过实践活动促进学生的道德成熟。

除了杜威之外，也有许多教育学家认识到"灌输式"道德教育并不能起到良好效果，还有可能使学生产生抵触和逆反情绪。因此，现代许多德育教师会选择比较生动的教学方式以调动学生的感知，让学生在教学过程中能够自主地判断是非对错。美国一些大学中开设了"西方价值观"或"西方文明"等课程，并在课程教学中融入道德教育。美国许多教育学家也呼吁在其他课程中融入道德教育，使学生在学习知识的同时潜移默化地接受道德教育，相比于"灌输式"道德教育而言，这种方法更容易被学生接受。

（四）道德教育实践以道德体验为途径

道德既是一种思想理念也是人们日常行为的准则。日本的学校通过各种实践活动帮助学生获得道德体验，如设置值日生制度，学校午餐为其他同学盛饭菜等，以此培养学生的责任感和劳动自豪感。美国K.瑞安教授也提出了以体验为中心的德育模式，通过让学生在家庭中、农场或者商店中承担部分劳动培养他们的责任意识。随着机械化生产工具的广泛普及，青少年的劳动难度很难达到教育要求的程度，所以现在学校也鼓励学生参与社区服务以及其他社会公益活动获取道德体验。

（五）道德教育理论以科学化为发展趋势

西方国家的道德教育理论大多都有心理学理论的影子，许多教育理论甚至是在大量心理学研究和观察的基础之上建立起来的。例如柯尔伯格，就是通过对数百名来自世界各地的青少年进行问答测试的方法，得出了道德意识发展过程具有秩序性和阶段性特征的结论。

二、国内道德教育理论发展

我国在道德教育方面的研究开展得比较早，近年来，对道德教育的重视程度也在不断加深。随着社会的发展，对道德教育提出了更高的要求，这也是促进我国道德教育改革的重要原因，也促使了国内教育学家对学校道德教育实效性的思考。道德教育的理念更新是近年来我国道德教育改革的重点和关键所在。

（一）国内主要德育理念概观

1. 冯建军的生活德育论

冯建军[1]认为，道德教育要与实际生活联系起来，学校道德教育不能脱离了学生的生活，而应让学生在生活情境中面对并解决道德问题，在生活中获得道德体验，从而提升对生活意义的理解，树立正确的价值观。

2. 班华的人性化德育论

班华[2]的人性化德育论主要表现为以下三点。第一，班华认为每个学生都拥有独立的人格，具有主观能动性和创造性，教育应该尊重学生的人格、兴趣和需

---

[1] 冯建军．道德教育：交往实践的新阐释[J]．江苏教育学院学报（社会科学版），2002(03)：39—43．

[2] 班华．再论"心理—道德教育"[J]．教育科学研究，2010(06)：27—30．

求；第二，提倡师生互动式教育方式，反对"灌输式"教育；第三，道德教育的目的是解放思想而非约束和限制学生的行为，学校道德教育的目的是为了培养学生的道德意识、促进学生的道德成长。

3. 肖川的主体性德育论

肖川[①]提出了"独立、理性、自为、自由"的中国社会理想道德人格，倡导实施"价值引导与自主建构"的道德教育。即道德教育要帮助学生提高自己的需求层次，培养学生能独立进行理性的道德判断与价值选择。

4. 檀传宝的德育美学观

檀传宝[②]提出要通过审美精神改造德育理念，即通过审美精神改造道德教育过程中的各要素，让道德教育变成一副优美的画、一首悠扬的歌，让学生在美的氛围和对美的欣赏中获得道德体验，实现品德成长。

5. 杜时忠的制度德育论

杜时忠[③]提出了道德教育"是培养人道德品质的制度性活动"的观点，道德教育实质上是一种制度性的教育活动，道德教育的实施必须遵守制度规范。因此，要塑造良好社会道德风气，解决道德问题，不仅要从学校道德教育入手，改革教学理念和教学方法，还应对制度进行改革与完善。

6. 刘慧和朱小蔓的生命德育论

刘慧和朱小蔓[④]认为，生命道德也是需要通过学习才能获得的。学校道德教育要从关心生命、尊重生命、热爱生命为出发点，让学生学会感知生命的珍贵、体验生命中的爱、领悟生命的含义。

7. 刘惊铎的体验德育论

刘惊铎[⑤]认为学生要形成正确、充分的道德理解与道德认识必须要进行一定的道德体验，道德体验对于道德教育的实施与开展具有重要作用。同时，通过体验还能使学生获得对人生价值、幸福生活的体会，会促进知与情的统一与融合，解决了道德教育内化的问题。

---

① 肖川．德育新观念：主体性道德人格教育[J]．北京教育，1998(05)：19—20．
② 檀传宝．对德育过程的改造——论德育形式美[J]．现代教育论丛，1997(03)：1—6．
③ 杜时忠．制度何以育德？[J]．华中师范大学学报(人文社会科学版)，2012，51(04)：126—131+4．
④ 刘慧，朱小蔓．生命叙事与道德教育资源的开发[J]．上海教育科研，2003(08)：12—17．
⑤ 刘惊铎．生态体验式道德学习引论[J]．中国德育，2006(02)：11—16．

8. 戚万学的活动德育论

戚万学[①]认为改善学生的道德行为才是道德教育的最终目的,而行为的改变必须通过实践实现,所以,道德实践对于道德教育和学生道德发展具有重要意义。活动德育论不主张实施"灌输式"道德教育和道德认知主义教育,道德教育必须要通过道德实践才能真正实现教育目标。

上述几种道德教育理念是近年来对我国德育理念影响较大的几种,体现了我国道德教育的发展动向和德育理念研究的进展,为我国德育理念的改革提供了新的发展思路和发展方向,对推动我国道德教育改革起到了积极影响。

(二)国内德育理论研究分析

1. 德育研究更加丰富

随着我国道德教育改革的不断推进,德育理念的研究也受到了更多专家和学者的关注,促进了我国德育理念研究的发展,研究成果越来越丰富。除了上面提到的八种德育理论外,还有终身道德学习、互动德育、自我扩展的德育、道德整合教育、希望德育、学会关心德育等理论和观念。这些德育理论的研究和提出使我国德育研究更加丰富,促进了我国道德教育改革和德育理念的发展。

从德育理念的更新和发展可以看到相关学者和专家对我国学校德育不足的反思,也体现了国家对学校德育的重视。德育制度的出现也正说明了德育理论研究的范围和视角进一步扩大,原有的学校道德教育的限制被打破,道德教育越来越适应社会发展的需要。并且,道德教育与其他学科相融合的趋势更加明显,德育理念会更加丰富,相关研究成果也会越来越丰富。

2. 德育研究的主题——回归"生活世界"

德育研究的目光又重新聚焦"生活世界",这意味着人们开始对道德教育和生活的关系进行反思,也更加重视道德教育与生活之间的联系,生活德育理念的出现就是最好的证明。当然,这部分问题仍然需要更多的研究和讨论,如学校道德教育中存在的生活形态具体是何种形态的,道德教育应该回归哪种生活,怎样回归生活,等等。而对于这些问题的研究和讨论必然会促使更多德育理念的产生。

3. 德育研究的视角——对德育本性的思考

人们对德育的含义、本质和意义的思考实质上就是对德育与生活、制度和人

---

① 戚万学. 道德教育的实践目的论[J]. 山东师大学报(人文社会科学版),2001(01):12—17.

之间的关系的思考。

时代和社会的发展必然会对德育提出更高的要求,而德育也应不断进行改革来适应社会发展的需求,从而培养更多品德高尚的人才。然而,在过去的德育中因为过于侧重这一点而导致人们忽视了德育本身存在的独立性,学校德育目标模糊、教学效果差,教学脱离实际造成"失真",这些都是由此产生的问题。幸好现在这个问题已经得到了广泛关注,许多专家都将对德育本性的尊重列入自己德育理念研究之中。

4. 德育研究的实践转化意识增强

德育改革要以科学的德育理论和先进的德育理念为指导思想,如此改革才能在实践过程中落到实处,才不至于使德育理论成为一纸空谈。德育模式的确立要以德育理念为基准,因此,新的德育理念的出现也促使了新的德育模式的产生,而德育模式的创新也产生了新的问题,反过来也促使专家学者们对德育理念的进一步思考,使其不断完善。

国内许多学者从多种角度、多种层面对德育理念进行了新的探索,并对当前学校道德教育的问题进行了深刻的思考并提出了解决问题的对策,以期能从德育目标、德育模式、德育内容、德育方法等方面改善学校道德教育的问题。这些研究和对策也确实在教学实践中取得了比较明显的成效,但是德育改革任重而道远,仍然有许多问题需要进一步探讨和解决。

第二节　职业学校积极德育模式现状

职业教育是我国教育的重要组成部分,国家也十分重视职业教育的发展,在政策、资源方面都给予了许多支持,职业教育取得了良好发展。但是由于之前一段时间职业教育缺乏科学理论指导,人民认识不足、重视程度不够,职业教育建设"基础薄弱",所以尽管近年来国家对职业教育的支持力度不断加大,仍然存在办学条件差、师资力量薄弱、人才培养模式不健全等问题。

我国制造业发展惊人,连续 11 年成为世界第一,生产总量是美国、日本和德国的总和。随着制造业的发展,技术水平的提高,社会对于高素质的技术人才和劳动人才的需求也越来越大。并且,未来我国制造业要向"优质制造"转变,实施国家"供给侧"改革战略,制造科技含量和技术水平的提高需要的是具有现代职业素养和专业技能的优秀产业工人。所以,职业学校人才培养不仅要重视专业技能的培养,还要重视培养个人具有优秀的品德和职业精神。

职业院校中的大部分毕业生会选择直接找工作,因此,职业教育过程中学生的品德将直接关系到我国产业人才队伍的素质,关系到国家产业发展和国家战略的实施。因此,加强职业院校学生思想道德教育,提高学生道德素养和道德水平,对国家科教兴国战略和人才强国战略的实施都具有重要意义。全面提升劳动者的素质,为实现中国民族的伟大复兴培养优秀的建设者和可靠的接班人,具有深远的战略意义。

随着国家逐年加大对职业教育的投入,职业教育的"硬件"设施发展得到了很大提升,职业教育规模不断扩张,在我国职业化、大众化教育的浪潮中发展迅速。但是,学校规模的扩大、基础设施的建设并不代表教育内涵的提升和建设,"软件"的发展与"硬件"的建设不相适应,办学条件提升了,学生内涵和思想道德水平缺乏有所增长。尽管国家对思想道德教育十分重视,但我们也能清晰地看到,随着国内外形势的不断变化,新时期、新阶段的任务变化,职业院校学生道德教育仍面临着强大的挑战,德育工作中仍然存在许多与当前社会发展不适应的地方和薄弱环节。总的来说,职业学校道德教育存在应用理论不足、实效性不高、消极取向等问题。

一、思想道德教育应用理论缺乏

近年来随着对德育理论、教育模式等方面研究的加深,提出了不少针对当前学校道德教育问题的改善措施和改进策略,如重新制定德育目标、加入素质教育与创新教育内容,改进德育教学方法、完善德育评价体系等。但是这些研究对实践过程中存在的问题等缺乏系统性的归纳与总结,这势必会影响德育工作的进一步开展和完善。

很长时间以来,我国有不少德育理论研究工作者习惯于采用"辩证思维"去研究学校德育过程,但实际上却是用形而上学的思维方式将德育过程拆分为各个孤立的、静止的元素去研究,忽略了各部分之间的关系和相互作用。回看许多德育理论,他们都是只针对德育过程中的一个部分进行单独研究,如德育的规律、德育原则、德育内容、德育方法等,而没有将其放在德育过程中联系起来。这样的做法会使相关概念和范围的界定变得模糊。有的论著讨论的是德育过程的规律,属于理论范畴的研究,而有的论著讨论的是德育过程的原则,属于规范层面的研究。在这样的论述中经常会出现将规范论为原则，或将原理说成是规范的混乱局面，这样的论著使得德育工作者在研讨德育理论时无所适从，充满迷惑，更不要说将理论联系实际，用于指导实践。

为了避免形成这种混乱的局面，有的研究者就采用"A与B相结合"或者"A与B相统一"类似的命题来回避问题。例如，"集体教育与个别教育相结合""正面教育与纪律约束相结合"等，这类命题在许多德育理论的论著中经常出现。其实这也是一种形似"辩证"实则"形而上学"的生硬组合，一方面对德育理论的研究一无是处，另一方面为德育工作者提供了错误的范式。近年来，许多专家学者对德育模式的探讨就是针对这种错误倾向的纠正。因为，德育模式是德育理论转化为实践的形式表现，要求人们要用具有代表性的象征符号或者简单明了的阐述反映德育理论的基本特征，并且，德育模式也是对具体的德育经验进行的甄选、加工和概括，是将德育理论付诸为德育实践的必要途径。

通过德育工作者多年来的不懈努力，虽然关于职业学校道德教育理论联系实际方面取得了不俗的成绩和明显的进步，但职业学校德育实际和德育理论之间仍没有形成完美"链接"，特别是在职业教育快速发展的背景下，职业学校德育工作中会不断出现新的问题、新的矛盾、新的变化，德育理论与实际联系脱节，使德育工作缺乏具有可操作性的理论作为指导，使广大德育工作者在实际工作中充满困惑和迷茫。

二、思想道德教育传统观念消极

在现实生活中有一类传统教育我们称其为"消极教育"或是"病理性教育"。这类教育喜欢从存在的问题作为开展工作的出发点，侧重于教育的矫正功能，教师像医生对待患者一样对待学生，以"修整"学生的问题作为工作的重点。这种消极教育会造成学生许多积极功能的削弱，如自我鼓励、自我完善等，德育工作也难以深入展开。道德教育从来不是为了打造"懂事听话"的学生，而是要培养学生的道德意识，树立良好的道德信念，所以道德教育从不是道德"教条"的灌输。

职业学校学生成绩差、素质差深受传统观念的影响，这使得许多职业学校的德育工作采取了消极教育，从学生的缺点和不足出发，更多关注的是学生消极的价值取向和道德言行，希望通过灌输、训诫、管制等方式纠正学生的不良行为和品质。这种方式管理下的学生一直扮演的是学生和服从者的角色，而学生自身的积极功能缺少关注和锻炼。这种侧重问题矫正、忽视美德培养和潜能激发的消极德育取向，也是造成道德教育"不快乐"、德育工作实效不高的根本原因。

（一）学生主体地位被忽视

灌输式教学在职业教育中仍大量存在，这造成的最大问题就是学生作为教育主体的地位在教育过程中被忽略，因此学生在学习中很难充分发挥主观能动性，教学活动也容易变成单调的"单口相声"，而教师一人"身兼数职"，工作繁重但收效不显。

许多教育理论都肯定了学生作为教学主体的地位，认为学生主观能动性的发挥是决定教学质量的重要因素，但在实际教学实践中却仍然遵循"传统"做法，有很大部分原因就是教师没有采取积极的教育模式。在教学过程中更多的是纠正错误，或者过分鼓励个别先进。鼓励先进其实是积极教育模式经常采用的方法，但是需要教师结合学生个人发展进行鼓励，鼓励暂时落后，激励先进，以求让每个学生都能获得进步，在努力的过程中逐步建立成功的信心和信念。同时，要改变刻板的教学方式，以多样化的教学方式增强学生的学习兴趣。

（二）专业教学重技能培养、轻道德教育

许多专业课教师仍然存在"道德教育是政治老师的任务"的错误观念，因此在教学过程中只重视技能的培养和训练，忽略了道德与价值观念的渗透。道德教育应该是所有老师的责任。其实，专业课教学过程中也能进行道德教育渗透，例如，让学生分享企业顶岗实习经历，介绍实习企业的文化，就是在帮助学生了解行业特点，进行职业道德熏陶。再如，在实操训练之后教师指导学生清洁并整理实训工具，这也是在培养学生良好的职业习惯。

（三）教师自身的德育素养还有待提高

职业学校一直以来都十分重视专业教师队伍建设与能力培养，建立专业技能高、教学技术好的"双师型"教学队伍，定期为教师提供专业培训或实践的机会，但对教师道德素养的培养略有不足。许多职业学校认为德育工作很"简单"，谁都会做、都能胜任，这使得部分教师德育观念较弱，师德修养不足。一些教师不清楚校风、校训，更有教师甚至自身道德修养差，不能为人师表，以身作则。"师者，传道授业解惑"，教师的一言一行都会对学生造成影响，"身教不存，言教无力"，良好的师德是建立良好校风，形成良好学风的重要保障。

三、思想道德教育教学形式单调

随着各职业学校对道德教育的重视，许多学校都纷纷开设了单独的道德教育课程，市面上也出版了不少符合不同年龄阶段的德育教材，但从总体上看，我国德育教学的研究仍不够深入，许多学校还未建立起完善的德育教学体系，教材和教师在道德阐释方面仍有不足。

（一）德育课程教学理念和方法陈旧

尽管德育对学生的个体成长与发展有益已经得到了社会和学校的普遍认可，但在实际教学实践中却并未给予足够的重视。德育课程成了"故事会"，教师照本宣科，学生淡漠无谓，教学过程缺少互动，学生也很难调动主观能动性。这让学生很难提起对德育的重视，认为德育可有可无，或者离自己很远，最终造成德育效果不良的后果。道德教育应是思维内化的过程，却被外化为强制，如果强制出现纰漏很可能出现道德反弹的恶果。要调动学生的兴趣，主动接收教师阐释的内容，需要教师采取相应的教学方法，显然"灌输式"教学是肯定无法达到这种效果的。尽管人们已经意识到这点，但在实际教学中却总摆脱不了"灌输式"教学的窠臼。

（二）心理健康教学重视程度不够

相比于普通学校学生，职业学校学生的心理健康需要更多关注。职业学校学生都经历着从普通教育转向职业教育的适应期，学习发展方向也从升学为主转变为就业为主。特别是中职学生，年龄较小就需要面临职业选择、就业竞争和就业压力等问题，难免会产生一些困惑或心理问题。特别是一些问题学生，受原生家庭影响，又经历升学考试失败的打击，普遍存在缺乏安全感、抗挫能力弱、抗压能力差、对自身认识不足、情绪不稳定、内心敏感焦虑等心理问题。在这样一个复杂的心理适应期和转变期，迫切需要系统的、科学的心理教育。

但从我国职业学校的心理健康教育现状来看，都存在重就业指导和技能训练、轻心理健康与辅导的问题。并且，许多学校缺乏专门的心理辅导机构，心理健康教育缺乏系统性和制度性；基础设施建设不足，硬件设备缺乏；缺少专业心理辅导教师和德育教师，课程教师的教学主动性不高；教学方式和方法单一、缺少互动性和乐趣性。更加严重的是，心理健康教育主要针对的是心理健康问题的疏导，忽视了对全体学生心理健康的辅导；有的教师甚至将心理健康问题与思想问题混为一谈，教育方式以批评为主，缺少心理关怀；缺少心理教育氛围的建设，心理咨询师大多形同虚设；心理教育途径单一，主要以心理课程和心理健康讲座为主，学生接受度不高，局限性大；专业教材建设不足，教材内容单一、陈旧，质量参差不齐。综上可见，职业学校学生心理健康问题仍需获得更多关注，而学校心理健康教育缺乏系统性和制度化管理，这都非常不利于职业学生心理健康品质的提升和心理调节能力的培养。

职业学校加强心理健康教育对学生积极心理健康和发展具有重要意义，能够培养学生积极向上的人生观和价值观，为其创造积极的心理氛围和心理保障。并且，积极的心理态度更有助于激发潜能，塑造良好的道德品质，促进健全人格的发展。同时，积极心理能够提升学生的自我认同感，从而提高学习质量和学习效率，进而提高学业愉悦度和职业幸福感。

（三）社团文化与体育活动匮乏

社团对于学校德育教育也具有良好的作用，许多学生在入校后都会加入社团，通过社团发展、培养个人兴趣，提升创造力，锻炼人际交往能力和团队写作能力。职业学校学生是一个特殊的群体，对知识学习的兴趣不高，但动手能力普遍较强，学生社团是基于兴趣的社团，能更好地激发学生的动手兴趣，拓展锻炼自己、展现自己的机会。参加社团活动不仅丰富了学生的生活，也让学生在活动实践中获得了成长，在一定程度上辅助了学校德育工作的开展。

但从目前职业学校的社会建设和学生社团活动来看，情况并不理想。主要原因有以下几点：第一，社团建设和社团活动缺少必要的物质条件支持。社团活动室不足，几个社团"拼"一个活动室，活动场地不足，一些社团必须设备建设不足，活动缺乏资金等。第二，社团建设和社团活动缺乏专业指导。社团指导教师更像是场地管理员，不能为社团建设提供专业指导，这也大大限制了社团活动道德教育价值功能的发挥。第三，管理机制和评价机制不完善。第四，社团活动水平低，由于社团活动缺乏科学指导，社团内容缺乏创新，活动质量不高，没有突出特色。上述四个原因严重制约了职业学校社团的良性发展，社团活动少、活动质量差也限制了学生综合素质的培养与锻炼，社团活动具有的德育价值也就没有得到充分发挥。

第三节　职业学校积极德育模式依据

随着国家教育事业的蓬勃发展，职业学校道德教育也受到了越来越多的重视，但同时也提出了新任务和新要求。道德教育包含思想教育、道德培养、普法教育和心理健康教育等内容。道德教育是职业教育中不可缺少的部分，与体育、智育和美育相互联系、彼此渗透，都是促进学生全面发展和健康成长必不可少的内容。职业学校应将道德教育放在素质教育的首位。职业学校道德教育的目标是培养热爱祖国、怀抱梦想、遵纪守法、拥有良好品德和文明习惯的公民，成为具备职业素养和职业道德，拥有社会责任感和创新精神的高素质劳动者和专业型技术人才，成为新时期社会主义的建设者和接班人。因此，职业学校德育必须具有以下四个特点。

第一，要具备鲜明的时代性。以立德树人为先，加强对学生理想信念教育是党的十九大以来对职业学校道德教育提出的新思想和新要求。要将社会主义核心价值观融入教育的整个过程，帮助学生树立正确的"三观"。在新时代背景下，加强青少年爱国主义教育和社会主义荣辱观教育仍是道德教育的核心和重点，培养学生吃苦耐劳、艰苦奋斗、遵纪守法、诚实守信的良好品质。

第二，全面育人的理念。要始终牢记立德树人是职业学校道德教育的根本任务，将道德教育放在素质教育的第一位，促进学生全面发展。道德教育要加强理想信念教育，坚定学生对党的领导和对社会主义制度的信念和信心。同时要培养学生的公民意识，树立平等自由、民主法治的理念。

第三，职业教育的特色。职业学校德育要与中小学德育相互衔接，遵循学生成长发育的规律和德育工作的规律，并突出职业教育的特色。要尽可能用积极的、正方向的引导开展德育工作，强调积极教育方式，如成功教育、信念教育等，将德育与实训相结合，充分发挥实训和实践活动的德育价值。

第四，合力推进德育。职业学校要坚持全方位的育人理念，积极引导各方力量加入德育工作中，特别是企业和家庭，建立协同德育工作机制。

一、学生发展的核心素养

学生发展应具备的核心素养即指学生能够适应社会发展需要、满足终生发展要求所必备的个人品格和关键能力。要实现立德树人的根本任务，了解学生发展的核心素养是重要前提。我国学生发展的核心素养以科学性、时代性和民族性为基本原则，目标是要促进学生的全面发展。概括来讲，我国学生发展的核心素养包括文化基础、自主发展、社会参与三个方面。具体地，可分为六大素养——综合表现为人文底蕴、科学精神、学会学习、健康生活、责任担当和实践创新，还可以进一步细化为18个基本要求。

（一）文化基础

文化是人之根本和神魂，文化基础既包括通过学习掌握的知识和技能，也包括人的内在涵养和道德品质，总的来说就是科学精神和人文底蕴。

科学精神是指学生在学习科学知识和技能后，能够形成一定的思维方式、价值标准和行为表现，主要包括理性思维、科学评判和勇于探索等基本要求。理性思维是指学生通过学习理解并掌握一定的科学原理和科学方法。崇尚真理，尊重事实，做事有凭有据。有严谨的实证精神，端正的求职态度。处理问题有清晰的逻辑思维，能够用科学的眼光看待问题、解决问题，指导自己的行为。科学评判的精神是指拥有独立思考和判断的能力，具有问题意识，能在学习和生活中主动发现问题并探索问题的答案或解决办法；面对问题时，能够从不同角度、不同层面进行思考，能够辩证地看待问题和分析问题。勇于探究是指学生对于事物的好奇心和探究心理，具有广阔的想象力，能够大胆想象、仔细求证与探索，对于遇到的困惑和问题能够积极寻求解决的办法。

人文底蕴是指学生对人文领域知识和技能的学习能力、理解能力和运用能力，以及形成的价值取向和思想情感等。具体地，人文底蕴包括人文积淀、人文情怀和审美情趣等基本要点。人文积淀是指对于中外古今人文知识与研究成果掌握的广度和深度，并通过个人的理解形成对事物的认知和实践的方法。人文情怀主要是指人的价值观念与对待事物的情感和思想，如尊重他人的意识、以人为本的精神等。审美情趣指的是个人对美的理解与欣赏水平，以及审美价值取向。例如，能够善于发现平凡生活中的美，具有一定的审美表达或审美创意表现，能够尊重文化的多样性等。

（二）自主发展

自主性是人作为主体的根本属性。在学校道德教育中，尊重学生的自主发展强调引导学生正确发现自我价值和自我潜力,能够科学地规划自己的学习和生活,有能力在负载和多变的环境中快速调整自己并做好相应规划。

1. 要让学生学会学习

要让学生学会学习主要包括三个方面,即养成学习意识、学会选择学习方法、科学的自我学习评价与学习调控。具备这方面能力的学生,在日常学习和生活中善于思考和反思自己,能对收集到的信息进行基本的整合与筛选并提炼要点,能够结合当前环境和需求选择适合自己的学习方式,并能对自我有一个较为客观的评价。

(1)要培养学生的学习意识,第一要让学生正确地理解学习的意义和价值,并能建立端正的学习态度,并对至少一项学习内容具备较强的学习兴趣;第二要形成良好的学习习惯,有较为科学的学习规划,能够选择适合自己实际情况的学习方法。

(2)要培养学生善于反思的态度和习惯。第一要让学生掌握自我评价的方法,建立科学的评价标准;第二要根据学习规划进行阶段性评价,学会用客观的、审视的眼光评价自己,总结学习和生活中的不足,并能结合现状调整学习策略和学习方法等。

(3)要培养学生的信息意识。信息意识既包括学生对信息的敏感程度,也包括学生自主收集、整理和使用信息的意识和能力。随着互联网时代的到来,学生日常能够接收到的信息是海量的,如何在"无限"的资源中识别出对自己有用的信息就十分重要。同时,学生也应形成主动通过多种渠道收集信息的能力,并能对获取的信息进行鉴别和整理,剔除不良信息,整合为有效信息,并能对这些信息进行充分合理的利用。此外,信息意识还包括信息安全意识和网络伦理道德。

2. 要让学生学会健康生活

健康生活既包括生理健康,也包括心理健康。不仅在生活中对自己的生命安全负责,也指导自我健全人格的发展和心理健康建设。

(1)要让学生学会珍爱生命。每个人的生命都是宝贵的,要让学生正确理解生命的意义,了解人生的价值,形成自我保护意识,培养一定的自我保护能力。同时要养成良好的生活习惯,保持身体健康。

(2)要让学生学会养成健全人格。健全人格要求学生具备健康的、积极的心理品质,具备一定的抗压能力和抗挫折能力,有自制力,能够摆脱低级欲望的控制,具备良好的情绪管理和调节能力等。

(3)要让学生学会自我管理。自我管理包括能够对自己形成较为客观、正确的认识,掌握科学的自我评价方法和标准,能够结合自己的个性与潜质选择适合自己发展的方向和自我提升的方法,能够合理规划自己的时间和精力,拥有实现个人目标的信心和动力。

(三)社会参与

人是社会性的,要在社会中生存和生活的。在学校道德教育中,社会参与重点培养学生形成作为良好公民必须要遵守的道德准则与行为规范,培养学生能够正确处理个人与社会关系的能力,养成学生对社会的责任感,对个人价值与社会价值的关系形成正确的认识。

首先,要让学生了解责任与担当。责任与担当是人类的高级情感,是人对个人、社会、国家等各方面关系所形成的价值取向、情感态度和行为方式。不仅要了解自己身为公民具备的基本权利,也要明确自己作为合格社会公民最基本的责任与义务,如遵纪守法、爱岗敬业、尊重自然、崇尚平等与公平正义、拥有绿色的生活理念和生活方式、遵守社会伦理功德等。作为一国公民,要有明确的国家意识,对国家与民族的认同感、信念感以及维护国家尊严和权益的使命感和责任感。要了解国家的历史,尊重国家的文化和优秀的文化成功,有文化自信,主动学习中华优秀传统文化、革命文化与社会主义先进文化。要了解党的光荣历史和优良传统,爱党敬党,坚决拥护党的领导。能够正确理解和践行社会主义核心价值观,具备能为实现中华民族伟大复兴的信念和行动。要拥有开放和包容的心态与胸怀,具备全球意识,能主动了解世界文明,掌握世界发展动态。能够尊重世界其他国家文化,理解其他文化的多样性,尊重文化的差异性。能够以积极、和谐的心态开展跨文化交流,能正确认识人类命运共同体的内涵与价值。

其次,要让学生勇于实践与创新。人类历史就是在不断实践中滚滚向前的。学生日常生活、学习、应对与解决问题等都离不开实践,而在实践过程中学生会逐渐形成并提高自己的实践能力,形成创新意识。在学校道德教育中,实践意识培养的一个重点是劳动意识。随着经济与社会的发展,学生日常生活中参与劳动的机会以及劳动的强度都有所降低,相应地,通过劳动实践培养劳动意识的方法收效降低。因此,职业学校要善于把握职业教育的特点培养学生的劳动意识。劳动意识包括正确的劳动态度、良好的劳动习惯以及相应的劳动技能。要让学生在日常学习和生活中,能主动参与劳动,如家庭劳动、社会公益活动、社会实践等，并能在劳动实践过程中有意识地改进劳动方法和劳动工具，提高劳动效率。此外，要了解自己的合法劳动权益，并能通过正确的途径维护自己的权益。实践与创新能力的另一个重要方面就是能够熟练地运用所学知识和技能，有勇于挑战的决心和不惧挑战的信心，能够结合当前实际情况提出最优方案，并有执行方案的行动力。在实践过程中，能够根据环境和条件的变化提出创意或者优化方案，能对现有方案、工具或物品进行优化或改造。

二、职业学校的德育大纲

德育大纲是保证学校德育工作顺利开展的行动导向、执行动力和制度保障。职业学校德育要以科学发展观和社会主义核心价值观为重要指导思想，全面贯彻并落实国家的教育方针，紧密联系当前时代背景和社会需求，以学生生理和心理发展特点和规律为出发点，践行德育大纲和教育目标，坚持以人为本、立德树人的原则，以道德教育为先、以能力培养为重、以全面发展为目标，培养人格健全、全面发展的社会主义接班人和建设者。

德育大纲体现了国家对职业学校德育工作的要求和对学生德育教育的基本要求，是学校开展德育工作的基本指导和基本规范，也是教育部门对职业学校德育工作督导管理和工作评估的基本标准，是学生和家长配合学校德育工作的基本依据。

（一）德育目标

德育目标就是通过道德教育将学生培养为具备哪些道德品质的人。德育大纲规定的德育目标是，要将学生培养成为热爱国家、热爱党、有远大理想、爱岗敬业、遵守道德与法纪、勇于创新、大胆实践、拥有良好社会文明习惯和道德品质的社会主义公民。具体地，可以表述为以下六点：第一，拥有坚定的社会主义道路自信、理论自信、制度自信、文化自信，拥有远大的人生理想，愿意为实现中国民族的伟大复兴努力奋斗；第二，树立社会主义核心价值观，勤学笃行、明辨是非；第三，具备法治精神、法治意识以及良好的行为习惯，具有较高的道德素质和良好的公民意识；第四，爱岗敬业，拥有正确的职业理想和职业观念，能够主动地提高自己的职业素养和职业能力；第五，具有积极健康的心理品质，能对自己形成较为客观和正确的认识，拥有良好的情绪管理能力，拥有健全人格；第六，尊重生命、热爱生命、具有一定的安全意识，热爱自然，拥有环保意识。

（二）德育内容

德育内容结合德育大纲规定目标也可总结为六大方面：第一，理想与信念的教育，树立学生实现中国梦的远大理想，倡导社会主义核心价值观教育，马克思主义哲学教育，职业理想教育；第二，国家精神的教育，包括爱国主义教育、时代精神教育、法治精神教育、中华优秀传统文化教育、国情与党史教育；第三，品德与品行的教育，包括社会伦理与道德教育、文明礼仪教育、生命与安全教育、环境保护教育等；第四，法制知识教育，包括我国基本法律知识教育、劳动权益与保护教育、校纪与校规教育等；第五，职业生涯教育，包括就业教育、创业教育、职业生涯规划与发展教育、职业思想教育等；第六，心理健康教育，包括心理健康基础知识教育、职业心理素质教育、心理咨询与辅导等。除了上面介绍的六大内容之外，各学校还可以根据社会形势发展进行丰富与修改。

（三）德育原则

道德教育不同于知识与技能的教育，关乎学生性格与人格的培养、社会主义核心价值观的树立、职业精神与法制精神的养成、心理健康的咨询与辅助等，因此职业学校德育要遵循下列五个基本原则。

第一，方向性与时代性相结合的原则。德育内容要紧跟时代和社会发展的变化和需求，及时增减内容。要始终紧跟国家指导方针动向和育人动向，使德育内容具备较强实效性与针对性。

第二，贴近实际的原则。德育内容要遵循学生生理与心理发展的特点与规律，尊重学生自我学习的主体性，要顺应道德教育的普遍规律，具有感染力和吸引力。

第三，知行统一的原则。要坚持立德树人的理念，既重知识传授，也重观念与思想的培育。重视学生的情感体验和实践体验，引导学生形成知行统一的优良品质。

第四，教育与管理相结合的原则。道德教育侧重于思想与观念的培养，因此更需要学校对德育进行严格细致的管理，提高学生自主学习的主动性，实现教育和自我教育双管齐下，他律和自律、激励与约束的有机结合。

第五，解决思想问题与解决实际问题相结合原则。道德教育既要关心学生的道德培养和情感生活，也要能帮助学生解决现实学习和生活中的困惑，提高德育

第一章　职业学校积极德育模式基础与依据

的实效。

(四)德育途径

德育既要学校充分发挥教育功能,也需要学生的家庭以及社会的默契配合,为学生创造多条德育途径,最终实现全程、全方位的立德树人。

1. 课程教学

道德教育是所有学生都必须参与的公共基础课,是学校道德教育的最主要方式和渠道。因此,德育课程教学必须充分反映国家德育教育的方针、目标和本质要求,充分体现中国特色社会主义道路的新成果。德育课程教学要具有时代性和实效性,与社会实际紧密相连;要具有针对性,能充分反映社会主义核心价值观的基本要求,侧重价值引导,重视德育实践、德育体验和道德养成。此外,各专业课教师也应提高对德育的认识和理解,挖掘德育因素,将专业教学与德育进行有机结合。

2. 实训实习

实训实习是职业学校必不可少的基本环节和教学重点,是实现学生与生产实际、社会实际、岗位实际密切接触的主要途径,既能促进学生将知识与技能转化为实践活动,也能在实践过程对学生进行职业思想、职业操守以及安全生产的教育,而这些也包含在德育内容的范畴。可见,实训实习与德育相结合具有得天独厚的条件。在实训实习过程中,还可以着重培养学生热爱劳动、爱岗敬业的精神,也养成学生安全生产、精益求精、遵守纪律的劳动意识。同时,学校也可以联合企业共同开展实训实习道德教育,学校派遣专业教师负责德育教学管理和德育工作的开展。

3. 学校管理

班级是学校教育的基层组织,班主任是班级的直接管理者,也是德育工作的直接实施者。因此,班主任应具备一定的德育教育素养,能够根据学生的实际情况和班级专业特点,充分调动起学生家庭、学校内部、实训实习单位以及社区等德育资源,开展道德教育、班级活动、班级管理、心理辅导、沟通协调等工作,重视对学生的价值引导和心理关怀,激发学生的创造性和主观能动性,树立良好的班级风气。

学校要加强对学生党组织和共青团管理和培训工作,可以开设面向学生的业余党校、团校,对校内积极入党、入团的学生进行基本理论和基本知识的培训,发展符合入党、入团的学生成为党员和团员。学校要充分发挥优秀学生代表的模范作用和带头作用，引导学生进行自我管理和自我教育。同时，要加强对学生社团和学生会的管理与教育，派专门教师进行专业指导，建立积极向上的社团组织和课外兴趣小组，开展有益身心健康的社团活动。

学校的日常管理和服务工作都能在不同程度上发挥德育的功能，为学生创造良好的德育氛围。首先，学校及教师要及时更新德育理念，以立德树人为指导思想，言传身教，积极探索专业课程与德育、实训课程与德育、日常工作与德育的有机结合。其次，要完善健全班级管理、学生组织管理、社团管理，以社会主义核心价值观为导向，培养积极乐观、健康向上的社会主义新青年。

4. 校园文化

校园文化是学校办学理念、教育精神的浓缩与精炼，反映了学校校风、学风和教风，具有重要的育人功能，能在潜移默化中对学生形成道德影响。因此，学校应打造健康的校园文化，创造良好的校园文化氛围，通过学校重要活动日、传统节日、国家重要节庆日和纪念日等，开展形式各异的文化活动，既丰富了学生的校园文化生活，又通过学生喜欢的活动形式实施道德教育。例如，科技竞赛、创意竞赛、创新创业大赛等，不仅锻炼了学生的创新能力、实践能力、创业能力，又能在活动中培养学生的创新思维和创业精神。此外，学校还可以引入优秀的企业文化融入校园文化，通过宣传行业模范、优秀毕业生代表的事迹等形式，培养学生的职业精神和职业道德，激发他们的职业兴趣，提高他们的创业信心等。

随着互联网的广泛普及和应用，学校还应加强对互联网等新媒体的建设与管理，净化校园网络环境，提高校园网络安全，强化校园网络宣传，促进正向网络传播，避免驳杂不良的信息对学生的浸染。学校应加强对校内网络的舆论监控和管理，重视并充分发挥社交媒体对学生的教育引导作用，为学生推送健康的网络信息。此外，德育内容要重视网络道德与网络安全相关内容，帮助学生认识到"网络并非法外之地"，引导学生正确、文明、守法地使用互联网。同时，要避免学生网络成瘾，引导学生健康上网，主动帮助网络成瘾学生摆脱不良心理困境。

5. 志愿服务

志愿服务是道德教育的重要途径和载体，学校也可以将志愿服务加入道德教育计划之中，让学生在志愿服务活动中获得道德实践和道德体验。例如，组织学生到博物馆、纪念馆、科技场馆等地，发挥专业和技能特长，既能开展实训实习，也能受到爱国思想、历史文化的熏陶。再如，组织学生进入社区开展社会服务，弘扬无私奉献、互助友爱的志愿精神。学校应建立和完善学生志愿服务活动运行机制，提高志愿服务活动的广度和深度，加强互助友爱、无私奉献精神的体验和教育。重视学生模范的引导作用和带头作用，形成学生向模范代表和学习典型学习的氛围。

6. **职业指导**

学校职业指导要具有时效性、时代性和针对性，要紧跟社会发展，介绍当前国家职业学校毕业生就业政策、就业形势与趋势的发展。同时，要加入职业道德教育内容的渗透，培养学生的职业意识，树立远大的职业理想和正确的职业价值观，加强职业道德教育和创业教育，养成良好的职业素养的道德行为，提高创新创业能力等。

7. **心理辅导**

职业学校既要关心学生专业知识与技能的培养，也要关怀学生的心理健康建设。学校要健全完善心理健康辅导建设和运行机制，培养专业的心理健康教师队伍，设立心理健康咨询室。心理辅导要结合学生的心理和生理发展规律和特点，加强学生心理健康建设，帮助学生学会正确的自我认知以及自我疏导、自我排解的方法。并且，针对学生在日常生活、学习以及求职、就业过程中可能遇到的心理问题提供心理咨询或心理援助。

8. **家庭和社会**

学校要重视家庭和社会对学生德育的特殊作用与功能，将家庭和社会也纳入学校德育体系中，扩大学生接受德育的途径。学校可以通过家委会、校访日、家访的方式增进与学生家庭的联系，为家庭提供科学的德育指导，促进家庭与学校相互配合。特别是对原生家庭有问题的学生，应对其家庭提供更多的关怀、指导和帮助。

地方教育部门应积极配合学校德育工作，充分发挥组织宣传作用，带动当地社区、社会团体、党政机关、企事业单位等建立协同德育机制，充分调动社会德育资源完善学校德育工作，创建良好的社会德育氛围。有关部门要加强学校周边社会治安管理和文明建设，为学生提供安全、文明、健康的学习和生活环境。

（五）德育评价

职业学校德育评价由学校工作评价和学生品德评定两方面组成。

1. 学校工作评价

当地教育部门应结合教育大纲和地方实际情况，制定科学的德育工作评价指标体系和评价机制。此外，要加强学校、用人单位参与到学校德育评价机制之中，对学校德育工作进行监督和评价。学校工作评价主要包括以下几个方面：德育工作机构与专业人才队伍的建设情况；相应规章制度的建设程度与执行情况；德育课程建设与课程教育实施情况；学生党团组织以及学生团体建设与管理情况；学生社会实践活动开展情况；校园文化建设情况；实训实习的德育开展情况等。

职业学校要加强对德育教学质量的把控，促进专业课与德育的融合，将班级德育工作、教职工德育实效性纳入考核范畴，将德育工作实绩作为考核教职工的重要内容。同时，要形成有效的激励机制，对表现突出的班级、教职工和学生给予表彰和奖励。

2. 学生品德评定

学生品德评定要从思想实际与日常行为两个维度进行综合评价。学校要将学生品德评定纳入综合素质评价之中，作为优秀学生代表等奖项评比的重要依据。学生品德评定标准要根据德育大纲要求，结合用人单位与行业职业素养要求，综合制定评价标准和评定办法。

（六）德育实施

1. 组织管理

教育部门应设立专门机构主抓学校德育工作。应结合职业学校德育大纲要求以及地区和学校的实际情况，制定实施细则，并对实施情况进行监督。学校管理部门应推出德育责任人，建立完善德育工作管理机制。学校党组织要发挥政治核心作用，支持和协助德育责任人做好全校德育工作，同时对德育工作的实施进行监管。德育责任人要将学校各项工作与德育相结合，统一规划、统一部署、统一检查和统一评估。同时组建德育工作分管责任队伍，实施具体工作。要建立德育岗位责任机制和激励机制，明确各环节责任人，形成全员、全方位的育人格局。

2. 队伍建设

人才选拔要从严从优，建立人才选拔机制，从根本上提升人才的质量。健全完善人才培育机制，制订德育素养培训计划，提高专业教师与德育教师的德育素养，提升德育质量。强化班主任选拔与培养，提升班主任的专业素养、管理能力和德育能力，也可以配备班主任助理或副班主任，分担班主任的工作负担。学校要成为教师稳定的"后方"，尽量为教职工特别是德育教职工解决工作和生活中遇到的实际问题，建设一支业务能力强、思想信仰坚定、功能互补型的教师队伍。

3. 经费保障

学校德育工作的顺利开展需要稳定的教育经费为保障，因此，职业学校要将德育工作经费纳入学校经费预算中，包括德育教学开展、德育管理、德育活动等各方面经费。其中，德育教学与德育管理经费既包含德育课程教学经费，也包括德育教师培训、教学调研、教学资料配备、德育科研经费等。此外，在学校总体规划建设中要考虑德育活动场所与德育设施建设，并为德育基本建设和设备建设提供经费保障。

4. 德育科研

教育部门和职业学校要将德育教学研究列入教育科研规划中，加强德育教学、德育与专业课程融合教学等课题的研究。要定期对学生道德水平和德育工作进行调研，与其他德育工作者积极探讨德育心得，不断提高教师的科研水平、调研能力和德育水平，充分发挥职业学校作为教育科研机构和学术团体的功能和作用。

三、职业学校德育课程标准

德育课程是学校开展德育工作的主要途径和方式，是每个专业学生的公共必修课，是素质教育的重要组成部分。德育要以立德树人为根本原则和根本目标，坚持科学发展观和"三个代表"重要思想，秉持贴近现实、贴近学生、贴近生活的教学原则，尊重学生的身心发展规律和特点，实施政治素养教育、职业道德教育、法制教育和心理健康教育，促进学生的个性化发展、综合能力的提升以及全面素养的发展。学校德育要重视德育体验和德育实践，实现知行合一的道德养成。

职业学校德育课程主要分为必修基础课和公共选修课两种。必修基础课主要包括政治经济学、哲学、职业道德与法律以及职业生涯规划四方面内容；公共选修课只要包括心理健康与生命安全两方面内容。在课时安排方面，通常选修课总教学时长不得低于 64 个学时，学校还可根据地区与本校实际情况酌情开设选修课程，如环境教育、安全生产教育、网络安全教育等，但须通过职业教育与成人教育司审批。政法专业、财经专业以及其他文科专业在课程内容上会与德育有相同的地方，学校可结合专业培养目标以及课程设置和教学安排，在保证专业课学时的基础上，适当调整课程内容和学时。

第二章

职业学校积极德育模式理念与策略

培养具备一定知识、能力与道德的人，纠正人在成长中存在的缺点，帮助人们消除自身的问题并促进人全面、充分的发展，这是教育的三个主要目标。从我国德育来看，很多教师都将德育的重点放在第二点上，特别是职业学校，相对于普通学校更加关注学生自身存在的缺点和问题，反而忽略了学生的优点和发展潜力。这种消极德育很难让学生建立正确的自我认知，压制了学生自我实践、自我感悟、自主发展和自主完善能力的发展。德育取向的偏差必然会造成德育效果的弱化，致使部分学生存在一定的道德风险，成为之后的生活和工作的隐患。

第一节 积极心理学与道德教育

一、积极心理学

(一)积极心理学的起源与发展

积极心理学是心理学研究的一个新的领域。传统心理学更多关注的是人的消极情绪和心理问题，侧重于为人们解决心理问题和病态心理。而积极心理学则是通过心理学手段观察和研究正常人的行为和心态，探讨积极正向的心理对人的作用。

20世纪30年代就已经有人开始进行积极心理研究，这也为日后积极心理学新思潮的发展奠定了基础。20世纪60年代，人本主义心理学及其衍生研究的提出为积极心理学的提出奠定了理论基础，此后，积极心理学的概念也被正式提出。20世纪末积极心理学发展扩大，俨然成为席卷世界的新潮流，也受到了世界各国心理学领域专家和学者的关注。

人本主义心理学是积极心理学的理论基础，也是积极心理学提出者塞利格曼从事心理学研究的指导思想。20世纪60—70年代，塞利格曼通过动物实验研究"习得性无助"。在他的实验中，动物因为长期被施加无法躲避的伤害出现了"习得性无助"行为，产生了"习得性无助感心理"。此后，对于那些能够躲避的伤害也不会主动避开。

后来，塞利格曼又通过人类实验，验证了人也会产生"习得性无助感心理"的结论。他找来了两组儿童，分别让其待在两个房间接受噪音刺激。不同的是，第一组儿童的手只要接近噪音源,噪音便会停止,但第二组儿童无论采用什么方式都无法让噪音停止,只有在第一组的噪音停止后,第二组的噪音才会停止。之后,他将两组儿童带到同一个房间,继续播放噪音。第一组儿童会马上主动寻找停止噪音的方法,而第二组儿童则大多在原地等待。这个对比结果恰好验证了他的猜想。

塞利格曼认为,不仅消极的心态是可以学习的,积极的心态也是可以通过学习培养的。维持健康积极的心态才能避免产生心理问题和心理疾病。于是他开始研究一种以人的积极心理为核心的心理学理论。20世纪80—90年代,积极心理学得到了世界心理学专家的广泛关注。2000年,塞利格曼和茜卡什米哈伊正式提出了积极心理学的主张,提出心理学应该以帮助人们积极健康的成长、学会享受生活为目标。随着积极心理学概念的正式提出,相关理论研究取得了明显进展,并在文化、教育等多个领域中得到了应用。

(二)积极心理学的内涵和主要内容

传统心理学的研究多数集中于问题心理和病态心理上,致力于解决人们的心理问题,消除病态心理。积极心理学正好相反,以人的积极心态和积极品质为研究对象,致力于促进每个人积极健康的成长。所以,积极心理学更多关注的是人内心潜在的和固有的积极品质和力量,以积极的态度解读人的心理现象和心理问题,致力于激发人本身的潜能和优秀品质,探索个人幸福。[1]

积极心理学以研究人的积极品质、探索人的幸福为中心。在大多数情况下,幸福的感受是主观的,所以在心理学上也叫主观幸福感。而人要获得幸福,就需要有积极情绪、积极人格特质以及积极社会组织系统三个基本要素。

1. 积极情绪

积极情绪其实是情绪维度理论的概念,从二维情绪模式来看,人的情绪可以分为两个维度。一个是喜悦的维度,一个是正面情绪强弱的维度。积极情绪是人的一种主观体验和感受,它能让人主动地与所处环境相互亲近,也被称为接近性行为。积极情绪体验包括主观幸福感、欢乐、喜悦等。其中,主观幸福感是积极情绪体验的核心,是人们对当前生活状态的高度满足和肯定,既是对当前生活环境与自身相关事件的高度认可,也是对个人情绪体验的认同。主观幸福感是每个

---

[1] 任俊. 写给教育者的积极心理学[M]. 北京:中国轻工业出版社,2010:7.

人都具备的精神追求，是对幸福生活的向往。如果当前的生活状态与理想生活憧憬接近时，就会获得较高的主观幸福感。

影响人主观幸福感的因素很多，如健康状态、生活环境、教育因素、文化因素等。塞利格曼认为，人的主观幸福感可以分为三个层次：第一层次是对过去生活的积极体验，获得感受有感恩、满意、怀念等；第二层次是对当前生活的体验，获得的感受有知足、奋斗、努力等；第三层次是对未来生活的体验，获得感受有憧憬、希望等。

2. 积极人格特质

"人格"一词来源于希腊语"Persona"，原本的意思是指舞台剧中演员们佩戴的面具。后来被心理学上引用其含义，提出了"人格"的概念。人格的含义可以从两个方面理解。一方面是指人们在遵循一定社会准则和文化影响下的言行；另一方面是指人们内在的、潜在的、独有的品质，"但是由于某些原因不愿意展现出来的个体特征。"[1]

积极人格是积极心理学的重要组成部分，也是积极心理学的特色，是近年来心理学研究领域中的"热门"研究趋势和新的标杆。希尔森和玛丽对比了积极人格与消极人格的特征，并进行了系统的区分。他们认为，积极人格有两个维度，一个维度是自我认同的维度，意思是人们能够认识到自己是独一无二的，认可自己存在的意义和价值；另一个维度是与其他人建立良好关系的维度，即当一个人需要帮助时能够获得其他人的帮助，并且能在其他人遭遇困难时主动提供帮助。

3. 积极的社会组织系统

积极组织系统是指能使人们获得积极情绪体验、积累积极情感、形成积极人格品质的环境组织系统。积极的组织系统主要包括三个维度：第一个维度是宏观维度，指社会组织系统，如国家的政治体制、经济体制等；第二个维度是中观层面，指社区或单位组织系统，如学校、社区、工作单位等；第三个维度是微观层面，指家庭组织系统，如夫妻、父母、子女等各种血缘亲属的关系。

积极心理学认为，人所处的环境能够直接影响心理状态，无论是社会环境、生活环境还是工作与学习环境，都能对人的心理防御系统带来影响。积极的环境组织更有利于人的心理防御系统形成和发展。相比于消极的心理防御系统，拥有积极的心理防御系统的人，在面对困难时更能主动采取有效方式解决困难，从而

---

[1] 张厚粲. 大学心理学[M]. 北京：北京师范大学出版社，2001：67－69.

产生乐观、努力、积极、拼搏等心理特征，而不会躲在消极心理防御系统之后形成逃避、恐惧、怠惰等心理特征。

积极心理学认为，人的意识与行为会受到周围所有环境的影响，从而产生不同的人格与情绪，这个环境既包括家庭环境、生活环境，也包括社会环境、学习环境、学校环境等。处在积极的组织系统中的人，更容易获得积极体验，更容易形成积极人格。

二、积极心理学视域下的道德教育

(一)积极与消极的辩证关系

"积极"源于拉丁语"Positum"，本意是"潜在的""实际而具有建设性的"，也就是说，"积极"的含义既包括人们内在的、潜在的积极的潜能，也包括积极行为和积极品质。在汉语中，"积极"是一种"肯定"，说明事物是"有利于发展的""正面的"，也代表一个人是"热心的""进取的"。"消极"源于拉丁语"Passivus"本意是"被动的"。在汉语中，"消极"代表"阻碍发展的""不求进取的""消沉的"。

从积极和消极的含义可以看出，它们代表的是完全相反、根本对立的属性和特质。作为人的属性时，积极代表的是主动地、具有建设性的、正向的、进取的；消极代表的是被动的、消沉的、不求进取的。积极代表的事物是遵循发展规律的，能够促进其向更高层次发展的，消极代表的事物是违背发展规律的，阻碍其向更高层次发展的。

从唯物辩证主义的角度来看，积极和消极是一对矛盾，既相互对立又相辅相成、相互统一。可以从两方面来理解。一方面，积极和消极是两个极端，从根本上相互对立；另一方面，积极和消极能够相互转化，相辅相成，它们共同存在于事物的变化发展规律之中，当达到条件时可以相互转化。[①]

很长一段时间内，人们对积极和消极的观点都是一种固定思维，认为将消极因素消除就能够产生积极因素，所以，积极因素是消除消极因素的"奖励"。在这种思维的指导下，心理学研究更关注消除人的问题心理、消极心态和心理压力等，侧重于对问题心理的测量与评估，旨在消除人的问题心理、病态心理，进行心理矫正与心理治疗。可见，过去心理学基本上没有关注如何激发人的积极潜能

---

① 周围. 积极道德教育——积极心理学视域中的道德教育研究[D]. 南京师范大学，2011.

和积极心态，逐渐演变为消除消极心理的心理学。

这种消极取向的固定思维也体现了人们在日常生活中的思维常态。生活中很多人都会把更多的眼光放在消除消极因素、存在的问题和不足上，更加善于发现人和事物的不足与缺点，并且顺其自然地想要进行矫正、修改和消除，认为只要这些问题和不足被改正和弥补，任何事物就会变得正常，回到积极的状态。正是受到这种固定思维的引导，人们更习惯用审视和挑剔的眼光对待人和事物，缺乏对人和事物积极因素和发展潜能的探索和挖掘。

尽管消除消极因素在一定程度上能够促进积极因素的产生，但并不是说消除了消极因素就一定能获得向积极的转变。积极和消极是一个维度上的完全相反的两极，积极也不是消极的因变量。所以，要变得积极主要依靠积极因素的积累，与消极因素的减少联系不大。当积极因素积累够多时，消极因素自然会降低，对人和事物的影响也会削弱。所以，积极因素的增加能够促进消极因素的减少，削弱消极的影响。并且，随着积极因素的不断积累，人们对消极入侵和影响的抵御力也会更强。

人的个体成长与发展更需要通过积累优秀品质、激发自身潜能，在此基础上将消除问题、纠正缺点、弥补不足作为辅助。可见，过去重点关注问题与不足的消极思维方式并不能够有效促进个体的成长与发展，也不能促进社会的发展与进步。塞利格曼正是认识到这一点，才开始了积极心理学的研究，试图改变心理学长期以来的研究重点，改变心理学的任务。积极德育也同积极心理学一样拥有相同的价值取向和思考，希望能够改变消极德育的问题。

（二）传统消极道德教育

大多数职业学校学生，在普通学校就读时都存在学业不良的问题，经常需要面对学业上的挫折和失败，因此许多人都形成了"再怎么努力都会失败"的错误认知，渐渐地放弃了努力。还有部分学生受困于家庭或私人原因，在学习、社交和生活中或多或少存在一些不足，在学校中很少得到老师和同学的表扬，逐渐失去了自信心，变得意志消沉、不自信。

许多教师和家长也存在消极德育倾向，在学校和家庭中没有给予学生足够的关注和关心，容易忽略学生的感受。在学校德育和家庭德育中，倾向于查缺补漏和纠正问题，以训诫、惩罚和管制等为主要手段，严重压制了学生的自我认知，使学生长期缺少积极体验和积极感悟。正是因为这种消极德育取向广泛存在，才使得长期以来职业学校德育效果不理想，实效性差。

（三）积极德育

1. 积极德育的基本内涵

道德应该是人们认识自我、探索自我、发展自我的积极方式和手段，而非防范消极的力量。德育作为我国培育青少年道德精神与道德原则的重要方式，更应体现重视人的发展，重视发展人、成就人的积极取向，更应该成为促进人健康全面发展的积极方式和手段。

积极德育跳出了消极德育的窠臼，重视学生的积极品质和潜能，以肯定学生的独特性和美德、激发学生的潜能为主要手段，充分体现了立德树人的德育理念。积极德育以学生已经具备的品德为出发点，通过鼓励与肯定等手段对其进行强化，用尊重与理解、真诚与信任维持师生之间的关系，通过丰富学生的积极体验为主要教育途径，激发学生的积极情绪，挖掘学生的积极潜能，促进学生形成自我认同和正确的自我认知，培养积极的道德品质，通过积极道德品质消除不良品质，抵御不良习性的侵染。

2. 积极德育的核心思想

从积极德育的理念来看，每个人都拥有良好品德的发展空间和巨大潜能，但具体发展状况会因人而异。从本质上来看，人是趋向于善的一面发展的，所以，如果人能够长期生活在充满关爱、信任、尊重的健康环境中，这个人就会无限趋近于善的一面成长，那些不良品质也会趋向减少，甚至消失。但是，如果人长期生活在压抑、不安、怀疑的恶劣环境之中，就会压制人向善发展的趋向，美德无法成长，甚至有可能向恶的方向发展。

积极德育不同于传统德育，更加关注学生自身的美德，通过培养学生的美德消除不良品质，换言之，积极德育是一种扬善为主、抑恶为辅的道德教育。扬善是挖掘学生自身的积极因素和潜力，促进美德的成长与发展，提升学生的道德境界，塑造健全完善的人格，最终培养拥有高尚道德情操和良好品德的人。抑恶既包括消除学生本身存在的不良品质和行为习惯，也包括消除其向恶趋向的可能。积极德育是从学生自身具备的良好品质为出发点，关注如何激发学生的积极潜能，促进积极因素的成长和发展，最终实现提升学生道德素养和个人品质的目的，并通过良好品德克服和抵御不良品质的侵害。

当然，积极德育并非不关注学生自身存在的道德问题，也并不是忽略对道德

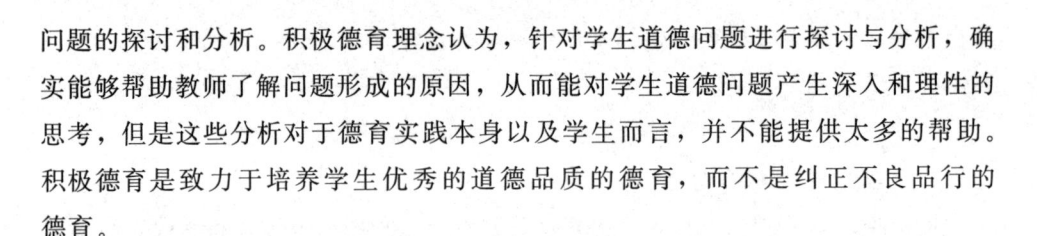

问题的探讨和分析。积极德育理念认为，针对学生道德问题进行探讨与分析，确实能够帮助教师了解问题形成的原因，从而能对学生道德问题产生深入和理性的思考，但是这些分析对于德育实践本身以及学生而言，并不能提供太多的帮助。积极德育是致力于培养学生优秀的道德品质的德育，而不是纠正不良品行的德育。

第二节　职业学校积极德育模式基本理念与主要特征

一、积极德育基本理念

积极德育以学生本身既有的优良品德和积极潜能为出发点，通过鼓励、肯定、尊重、信任等方式对其进行强化与巩固，采取正面的、积极地、向上的教育方法，为学生创造一个充满信任、尊重、公正与关爱的德育氛围，丰富学生的积极实践和积极体验，激发学生自觉道德发展的动机和潜能，最终促进学生积极因素的增加和优良道德品质的形成，并在这个过程中通过积极道德品质消除不良品质的影响，预防不良品质的形成。[1]

（一）积极德育的人性预设

从实质上看，积极德育就是利用学生的积极品德对其自身实施影响的教育活动，而这样的教育活动都需要基于人性的基本设定。无论是对教育的人性设定还是德育的人性设定，中国和西方国家的看法基本相同。关于教育的人性设定，主要存在物性与人性、性善与性恶、理性与非理性三种观点。关于德育的人性设定，主要体现在性善与性恶的观点与看法上。

性恶论的观点认为，人性本来就是恶的，或者是趋向恶的，所以，无论是教育还是德育的目的是要防治不良品质的发展，通过训诫、管制、规范以及惩罚等方式，帮助学生控制不良品质和行为，从而表现出良好品质和行为。性善论的观点认为，人性本来就是善的，或者是趋向善的，所以教育和德育的目的是要培养

---

[1] 周围. 积极道德教育——积极心理学视域中的道德教育研究[D]. 南京师范大学，2011.

和发展人的优良品质，为学生创造良好的教育氛围，从而促进学生道德品质的全面发展。以性善论为理论基础的积极德育更多关注的是学生的优良品质和潜能，采取正向的、健康的、积极的教育手段和方法，激发学生自身的积极潜能，促进学生自我发展和自我完善，最终实现德育目标。

可见，积极德育是基于性善论的教育活动，所以，积极德育认为人的本性是善良的，是趋向善的一面，在人性之中蕴藏着巨大的积极发展潜能。如果能为学生创造一个充满关爱、尊重与信任的成长和学习环境，就会更好地激发学生的积极潜能，促进优良品质的形成和发展，而在优良品质的形成过程中，不良品质自然而然被减弱甚至消除。相反地，如果让学生长期生活在压抑、怀疑、恶劣的成长和学习环境中，学生的积极潜能将会被压制，优良品质无法有序形成和发展，甚至会导致不良品质的形成。可见，德育要尊重人的生长发展规律，如此才能促进优良品德的形成。人的德行并不全是与生俱来的，更多需要通过后天的学习与教化形成。而先天的德性也需要通过后天的学习和训练才能被充分激发。

积极德育相信人性本善，并且认为人性中存在积极人性观。积极德育理论认为，人性中存在趋向善的潜能，这种内藏于人性中的善良潜能需要后天条件和环境激发，即需要提供积极健康的成长环境和氛围才能激发善良潜能，继而在人心中生根发芽，逐渐成长壮大。同时，也需要进行道德教导与训练，促进积极品质的发展。如果后天缺少积极潜能发展的环境，学生的精神需求无法得到满足，即便实施道德教育和行为训导，也无法促进积极品质的良好发展。此外，要纠正学生的不良品行，促进恶向善的发展，也离不开健康积极的环境。

正是因为积极德育将性善论作为德育的人性基本设定，才能在德育中始终坚持人性趋善的信念，相信学生的内在和本质是善良的，才能在德育中坚持关爱、信任与尊重的教育理念。特别是针对存在道德问题的学生，如果没有性善论作为价值预设，当德育工作开展遇到挫折或困难时，德育教师很可能对人性本善的产生疑惑，进而变得失望甚至产生放弃的念头。因此，在学校德育中，不仅要对德育教职工进行相关理论和理念的培训，还应在制度方面体现出基于性善论的设计。

（二）积极德育的根本目标

为什么要实施德育？德育的目的是什么？是为了纠正学生存在的道德问题和行为偏差，还是为了培养美德？这是每个德育工作者都应思考清楚的。笔者认为，德育应该是"完整的"，即不能单纯地关注纠错，也不能只重视美好品德的培养。"完整的"德育即包括对美好品德的培养，也包括道德问题的纠正，二者应该是相互结合、缺一不可的，这才是和谐有序的德育。但在德育实践过程中，应该分清主次，即以何为主要目标或根本目标。美好品德的培养倾向于通过正面的、健康的、积极地教育方法激发学生的潜能，树立良好道德修养和言行举止。纠正道德问题主要采取规定、训诫、惩罚的方式抑制不良品质，约束不良行为。很明显，德育的根本目标应该是培养具有道德素养和优良品质的人，而不是为了纠正学生存在的道德问题和不良行为。所以，学校德育应该以道德培养为主，以问题纠正为辅，以立德树人为根本目标，以纠正问题为重要手段。纠正问题的目的还是为了良好品德的培养，这样才能真正地纠正问题。[①]

以纠正问题为主的德育是一种针对既有问题的"病理研究型"的消极德育，而以培养良好品德的德育则是一种激发人自身固有美德的"培育型"的积极德育。积极德育关注的是学生本身具备的优良品质，致力于激发学生的积极潜能和自我发展的欲望，强化学生的道德素养和良好品德形成与发展。

在德育过程中，学生是德行形成与发展的个体，既显现出向优良品质发展的趋势，表现出了符合道德要求的思想和行为，也或多或少地存在一些不良思想和行为，具有被不良品行侵染的隐患。作为德育工作者，不应该将目光局限于学生存在的问题和不足上，沉浸于纠正不良思想和行为上，忽略了德育的根本目标和主要任务。如果学生能够对自己形成正确的认知，看到自己存在的潜能，学会欣赏自己的优良品质，就能激发学生自我发展、自我完善的潜能和动力，提高德育的效果，最终达到德育的目标。

积极德育倾向于对学生本身优良品质的强化以及积极潜能的激发，而非道德问题的纠正和不良行为的改善。但这并不是说积极德育就不需要关注学生存在的问题和不足，正如我们前面提到的，消极因素的消除并不意味的积极因素的产生，同样的，积极因素的培养也不能完全消除消极因素，只能在一定程度上降低消极因素的影响。如果学生有严重的道德问题，教师对其视而不见不进行纠正，势必会影响学生的身心健康，也影响德育的效果。如果教师能够发现学生在德育过程中有明显的成长和进步，变得自信、积极，那说明消极因素对其影响已经很低，这个时候再对学生存在的问题和不足进行纠正和改善，就会水到渠成，事半

---

① 行高民，德育方式的选择：抑恶亦或扬善[J]. 教育理论与实践，1996(6)：46—47.

功倍。

可见，实施道德教育需要具备几个"先决条件"。第一，德育教师要以积极的人性观为指导，善于发现学生内在的美好品质和潜能，建立相互平等、相互信任的师生关系，能够始终秉持积极的、客观的态度看待学生身上存在的问题和不足。第二，德育的关键在于学生能够建立正确的自我认知，能够用积极的态度审视自己，在德育中建立完善自我、超越自我的自信心。第三，积极德育主要通过积极实践和积极体验让学生自己获得道德感悟，采用比较正面的、积极地、人性化的方式进行教育。

总而言之，积极德育关注学生自身的优良品质和积极潜能，强调的是激发学生内在美好品质和积极潜能，主张德育是立德树人而非纠正问题的过程。因此，德育工作者要以学生自身积极品质为出发点，为学生创造一个尊重、信任、和谐环境，通过正面的、积极的方式激发学生的积极潜能和积极资源，以及自我完善、自我发展的动力和愿望，最终促进学生的全面发展和综合素养的提高。

二、积极德育的主要特征

积极德育是积极心理学在德育方面的创新应用，也是德育领域的新理念和新策略，其特征体现它将德育看作是一个积极的过程、体验的过程和提升的过程。

（一）积极德育是一个积极的过程

积极德育的核心和本质在于它的积极性上，采取积极的教育方式和手段，营造积极的教育环境，建立积极的教育关系，提供积极地道德体验，实现积极的教育目标。可见，积极性贯穿于积极德育的全过程。此外，积极德育是学生体验积极、感悟积极最终获得积极品质的过程。教师从学生的内在品德和积极潜能出发，将主要精力放在强化学生的优良品质，激发积极潜能上，促进优秀道德品质的形成与发展，并外化与日常行为习惯上。

良好的教育关系其实就是让教师主动建立一个充满关怀、信任、尊重、真诚的具有道德意义和积极的教育关系。积极的教育关系是增强学生积极体验与感悟、激发学生积极情绪和积极潜能的重要条件和前提，因此，培养积极的道德教育关系，必然成为道德教师首先要开展的教育实践活动。

增强学生的积极情感体验是积极德育的重要教育途径和手段，也是教学过程中的重点。其实，对于学生而言，消极的情绪体验也能在一定程度上起到教育作用,但这种方式更倾向于对不良道德和行为的纠正和约束上,对良好道德与行为的塑造和培养没有太大作用。我们要知道,德育的根本目标是立德树人,培养拥有优良道德品质的人,而不是矫正与约束,所以,德育应当将积极的情绪体验作为教学重点,放在首要位置,消极的情绪体验可以作为辅助。因此,在积极德育中,教师要充分发挥有效的道德资源,创建积极的教育情境,引导学生融入教学情境中,激发学生的积极情感,从而发挥主观能动性进行思考,并将思考逐渐转化为情感体验和道德认知。同时,学生在德育过程中应处于情绪体验状态,能够处在充满关怀、理解、尊重和信任的关系和环境之中,才能更好地产生自我道德发展的积极动力和自我效能感。

积极德育主张以积极的教育方法为主,即教师应多采取正面的、积极的教育方法,如鼓励、肯定、表扬、欣赏等,这也是积极德育的一个典型特征。因此,教师要在把握德育目标的前提下,提升自身的道德水平和道德境界,塑造良好的道德人格,为实现德育目标打下良好的人格基础和心理基础。并且,教师要善于自我评价和自我反思,在教育实践中不断积累经验,及时调整教育中存在的不足,紧跟时代步伐,及时更新教育理念和教育方法,不断提高自己的教育能力,增强道德教育的实效性。

(二)积极德育是一个体验的过程

德育离不开体验。而体验必须是本人亲自参与,别人没有办法替代的。只有充分体验,才能获得感悟,德育才真正发挥效果。可以说,德育就是一个道德体验的过程。积极德育更加重视学生的体验,并且更强调积极的道德体验,从而激发学生发展积极品质的愿望和积极潜能。

体验具有亲历性特征。体验不仅仅是个人亲身经历和感受,也包括在实践层面的亲历和心理层面的亲历。实践层面的亲历就是人们在各种实践活动过程中产生的认知、情感与感悟。心理层面的亲历是指人在心理层面上的、并非"实体"上的经历过某件事,从而产生了某种认知、情感与感悟,例如,过去的亲历在当下环境中"情景重现",获得再次体验和感悟,或者对于他人经历有了设身处地的移情理解和感同身受。

正是因为体验的亲历性特征,积极德育认为德育应使学生有充分的积极体验,尽可能地体验更多的亲身经历,或对他人的亲身经历能产生移情理解与感同身受,通过不断的亲身经历产生相应的认知、情感和感悟。这就要求教师尽可能为学生创造实践机会，在教育中创设较为真实的道德生活情境，引导学生融入情境，增强情景体验和情境感受。而这些体验和感悟，通过宣讲、说教和讲解是达不到。传统德育缺乏体验的教学方式实效性差是必然的，也不符合德育和人类认知建立的基本规律。

体验具有个体性特征，即主体间的差异导致不同主体对事物的体验也存在差异，换言之，学生在同一情景中获得体验和感悟不可能完全相同。所以，体验是个人的，不能被他人替代，也不能被别人的体验取代。但是，体验是可以分享的。正是因为体验的个体性特征，使得体验的交流与分享变得有意义。并且，在交流和分享的过程中，个人获得不仅是他人的体验，还有不同的体验方式、理解方式和感受方式，既实现了现实情感上的交融，也促进了个人在认识和认知上的互补和判断统一。

积极德育肯定了体验的个体性特征，提倡在德育中尊重个体化差异，提倡个性化发展。这包括尊重、理解并接纳每个学生在体验方式、体验水平、感悟层次上的差异。同时，教师应创建一个良好的沟通氛围，架设一个沟通和分享的教育环境或教育情境，让学生在进行体验后能够进行充分的沟通、交流与分享，丰富学生的体验，增强体验获得的认知与感悟。并且，教师还可以在沟通与分享的环节中对部分不积极的学生进行引导和特别教育，促进学生从消极的状态向积极的状态转变。

体验具有缄默性特征，即个人获得的体验是无法言说的。这主要体现在两方面。一方面，体验是每个人的亲身经历，人们通过体验获得的感受和感悟都属于个人的心理活动。对于其他不在场的人来说，有些体验的成分是能够通过言语表达的，而大多数体验是无法通过言语准确表达的内心感受，"只可意会不可言传"。另一方面，人在体验中获得的感悟并不全是清晰、明确的，有些内容可能是隐约而模糊的，自己也"一知半解"的，这种情况就算想要表达时，也可能"欲辩已忘言"。而这些无法表达、不能言说的感觉会进入人的潜意识中，潜移默化地发挥作用，可能在未来的体验中会再次被激发，这时可能会让人有种豁然开朗、恍然大悟的感觉，成为清晰的、明确的体验和感悟，成为人的自觉意识，并能在生活中发挥更加积极的、影响更大的作用。

积极德育结合体验的缄默性特征，倡导德育工作者在实施德育过程中要有充分的耐心和信心。因为德育是一个长期的过程，学生的成长不是一蹴而就的，可能在相当一段时间内都看不到明显的变化。积极德育体验往往是潜移默化的影响,学生会在不断地体验和感悟中慢慢成长和改变。其实,所有的教育都不是立竿见影的,德育更是这样,有些教师和学生很可能因为不了解德育的这种特点最终半途而废。因此,积极德育倡导不断的、丰富的道德体验,让学生在体验中使自己的道德品行得到提高与改善,需要注意的是,这种改善和提高可能在一段时间后出现倒退和反复的现象。所以,德育教师应具备充足的耐心、信心和细心,坚持德育这场"持久战",陪同学生收获每一份体验和感悟,能够细心地发现学生的点滴进步和细微的转变,不断通过鼓励、欣赏、肯定等积极方式强化学生的每一份体验和感悟,陪伴学生一同成长。

(三)积极德育是一个提升的过程

要实现良好的德育效果,就是尽可能使学生参与完整的德育过程,即认知活动、体验活动、实践活动相结合的完整过程。积极德育最主要的教育途径就是道德体验,但要评价德育的效果,还是要看学生在道德认知、道德情感和道德行为方面的提高和改善。所以,积极德育将学生认知、情感、行为的全面提升作为重要的本质特征。

第一,学生道德认知的发展。道德认知的发展主要体现在两方面,一方面能对社会伦理精神和社会道德有全面、理性、深刻、清晰的认识,并能用其约束和规范自己的行为;另一方面,能对自身和其他事物进行客观的评价,拥有自我反省的意识。因此,道德认知的积极转变也包括两部分内容,一方面,对于社会伦理精神和道德规范,能够产生积极向上的理解,并能在生活中弘扬这种精神,同时能对社会上的不良道德现象做出客观的、全面的、辩证的分析和探讨;另一方面,能对自己的道德水平和日常行为做出客观的、全面的评价,善于自我反省。因此,要促进学生道德认知的发展要做到两方面,即对社会伦理精神和道德规范有深刻的理解,能用较高的道德标准约束和规范自身。

第二,学生道德情感的提升。道德情感的提升主要是指能够细致、敏锐地参与道德体验,产生更加积极的感受与感悟。体验与感受包括两方面内容,一方面能对与自身道德相符合的体验获得感动、快乐、幸福等积极的情绪感受,也能对他人的不幸遭遇感同身受;另一方面对社会上的高尚道德行为感到认同和感动,也能对不良社会道德现象进行客观审视和批判,拥有爱憎分明的道德体验。积极德育主要通过积极的道德体验培养学生对道德事件和道德问题的敏感性、感悟能力、判断能力以及移情能力,促进学生道德情感的发展,使学生获得更加丰富的道德体验和更加深刻的道德感悟。同时，积极道德体验能增强学生对道德观念、道德知识的理解和接受程度，提高学生的道德自律意识。

第三，学生道德行为的提升。积极德育的根本目标是培养具备积极道德品质的人。积极道德品质其实就是学生道德认知、道德情感与道德行为的结合。道德认知和道德情感是隐性的，是思维观念上的，道德行为是外显的。只有形成稳定的道德认知和道德情感，才能形成固化的道德行为，这是道德品质形成的完整过程。所以，要实现德育的根本目标，就要促进学生在道德认知、道德情感和道德行为的全面提升。

第三节 职业学校积极德育策略与模式构建

马克斯·范梅南认为，教育的使命就是教师要倾听学生的需求并满足他们的需求。学生的需求指正当且合理的需求，教师的任务不仅是要倾听学生的需求，还应在满足学生需求的同时激发学生产生更高层次的需求，并能逐渐自我满足需求。积极德育倡导通过积极道德体验激发学生发展积极道德的愿望和积极潜能，了解学生的需求是积极德育中一个重要的环节。了解并满足学生的需求是第一个层次的德育，激发学生更高层次的道德需求和践行道德准则的精神是高层次的德育。需求是人意识到自己存在某种缺乏并努力获得满足的心理倾向，它是人自身要求和外部生活条件在大脑中的反应，一般表现为对事物的兴趣、意愿和欲望等。可以说，需求是人实施行为的内在动力，是人发生行为的根本原因。

马斯洛的需求层次理论认为，人的需求是有层次之分的，最低层次的需求是生理需求，即满足个体生存的最低要求，最高层次的需求是自我实现的需求，即能在实践中证明并实现自我价值。人只有满足了低层次的需求才会获得更高层次的需求。因此，低层次的需求要最先得到满足。

一、职业学校道德教育策略

（一）转变德育观念

1. 突出道德教育的重要性

随着社会的发展与时代的变迁，社会价值要求职业学校要培养能为社会经济

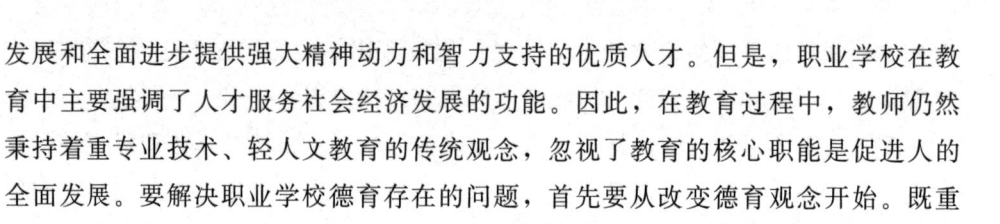

发展和全面进步提供强大精神动力和智力支持的优质人才。但是,职业学校在教育中主要强调了人才服务社会经济发展的功能。因此,在教育过程中,教师仍然秉持着重专业技术、轻人文教育的传统观念,忽视了教育的核心职能是促进人的全面发展。要解决职业学校德育存在的问题,首先要从改变德育观念开始。既重视专业知识和技能的培养,也不能忽略思想道德建设。思想道德的建设既包括社会伦理精神和道德标准的认识和理解,也包括个人品德的培养和人格的塑造。

2. 贯彻以人为本的道德教育理念

职业学校应将德育视为实现学生人本化的过程,在德育过程中要充分发挥人的主导作用。在学生管理方面,不要将学生视为需要管理的对象,采取管束、约束、规定等方式束缚学生的行为,而应多采用引导、鼓励的方式,激发学生的自主性,帮助学生实现自我管理、自我约束。

以人为本的思想是德育的基本前提。德育的根本目的是促进学生的全面发展与综合素质的提高,可以说,德育"一切为了学生,为了学生的一切,为了一切学生。"在德育管理的理念上,要坚持以人为本的思想,学会倾听学生的真实需求,在德育中要尊重学生的主体地位。与传统的德育理念相比,以人为本的德育理念既满足了德育目标也兼顾了学生的个性化成长和全面发展。[1] 以人为本的德育理念还应体现在尊重学生的个性差异和人格差异上。

(二)制定符合实际的德育目标和内容

1. 明确德育目标

德育目标就是通过道德教育将学生培养为具备哪些道德品质的人。德育大纲规定的德育目标是,要将学生培养成为热爱国家、热爱党、有远大理想、爱岗敬业、遵守道德与法纪、勇于创新、大胆实践、拥有良好社会文明习惯和道德品质的社会主义公民。在贯彻落实大纲提出的目标时,学校可以根据学校和学生的实际情况建立德育目标体系,划分德育目标层次,使德育目标更具针对性,提高德育的实效性。例如,从学生的心理发展特点和认知规律出发,将学校和社会中最基本的道德标准和行为规范作为近期德育目标,从新生入学开始实施。在近期目标的基础上,将养成公德意识、社会道德责任感,以及形成基本的道德评价方

---

[1] 熊宗荣.以人为本理论在民办高职学院学生管理中的运用[J].新课程研究(职业教育),2010(1):140-141.

式、基本的道德判断能力和选择能力作为德育的中期目标。最后将形成优良品德和行为习惯作为德育的长远目标，这也是职业学校德育的出发点和落脚点。

2. 丰富德育内容

德育内容要以德育目标为导向，根据德育目标确定德育内容。德育内容可总结为六大方面：理想与信念的教育、国家精神的教育、品德与品行的教育、法制知识教育、职业生涯教育、心理健康教育。职业学校德育内容除了符合国家规定的内容，还应将学校特色、时代特色内容不断补充到德育内容中，这样做既能在具体层面实现德育贴近现实、贴近生活的要求，又能切实地提高德育的实效性。

（三）改进德育策略与方法

德育的目的是要学生养成良好的品德，而品德是道德认知、道德情感与道德行为的结合。道德认知的形成和倾向受道德情感影响，道德行为是道德认识和道德情感的具体表现，从学生的道德行为能够看到道德认知和道德情感的发展水平。

德育方法是指教师在德育过程中，为了实现德育目标而采用的一切方式和手段。积极德育关注学生积极道德因素的积累和积极潜能的激发，而不是消极道德因素的消除，因此强调以积极的方式和方法实施德育，如鼓励、肯定、欣赏等，代替传统德育规定、训诫、惩罚等消极的德育方法。积极德育方法能更好地增强学生的积极体验，促进积极认知的形成和积极行为习惯的培养。积极德育的方法主要体现在三个方面，即建立积极的德育关系、促进学生个人美德的形成以及积极的语言艺术。

1. 建立积极的德育教育关系

道德教师要将建立良好的教育关系作为自己的重要任务。积极德育倡导师生之间建立相互尊重、理解、信任、公正的教育关系，如此才能创造良好的德育氛围。要提高德育的实效性，需要德育教师采取一定的德育策略和德育方法，而德育方法的使用效果将直接影响德育效果和德育质量。积极德育关系的建立需要德育教师自身具备较高的道德水平和人格魅力。德育知识、教学理论和教学方法都可以通过学习掌握，而道德素养和人格魅力却不是一朝一夕可以形成的。并且，德育教学策略的实施和教学效果，与教师的道德水平和人格完善有很大的关系。

2. 促进学生美德形成的方法

促进学生美德形成的方法是积极德育的核心方法。使用这种方法的关键之处在于教师要采取各种正面的、积极的教育方法，激发学生自我道德发展愿望，促进学生的自我效能，从而能在积极德育体验中获得更加深刻的感情和感悟，促进积极道德认知和行为的形成。促进学生美德形成的方法主要有激发体验法、提升自我法、调节情绪法、欣赏强化法等。

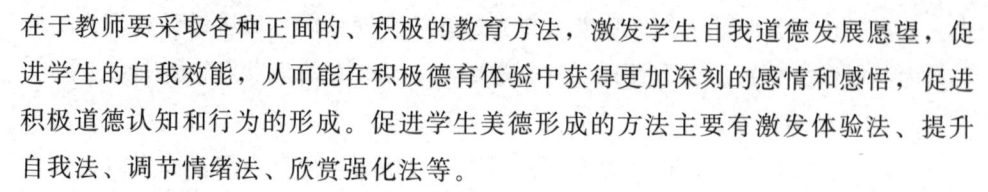

3. 掌握积极的语言艺术

积极德育强调要采取正面的、积极的教育方法，其重点就体现在教师在道德教育过程中积极的语言艺术上。尽管我们可以通过营造积极德育氛围、打造积极校园文化等潜移默化的方式实现道德培养的目标，但语言仍然是目前实现人类沟通与交流的最主要、最直接的工具，是目前开展德育工作的最主要的媒介。积极德育充分认识到积极的语言对德育的重要作用，倡导教师在德育中尽量使用积极的教育语言与学生进行沟通和交流，并将使用积极的语言艺术作为一种重要的教育理念和教育方法。

消极的语言符号应用是消极德育的本质特征之一，即德育教师在教学过程中经常使用的是较为消极的语言符号。正因如此，在消极的德育中，教师经常看到的是学生存在的问题，教育侧重于问题原因的分析和问题的矫正，表现出消极的符号选择模式。积极德育则完全相反，倡导使用积极的语言符号。因此，教师在德育中能够更好地意识到积极德育资源的存在，强调教育育人的功能，表现出积极的符号选择模式。

积极的语言艺术需要教师能够意识到自己的符号表征和符号选择模式，能够有意识地学习积极的语言表达，将头脑中的消极符号表征尽量转变为积极符号表征，在教学过程中倾向于积极的符号选择模式。通过语言符号表征的重构，教师的德育方法和手段也会表现出积极的趋向。而教师积极语言符号的应用，也能像学生传达出正面的、积极的语言信息，从而感染、带动学生积极的情绪体验，引导学生将消极建构向积极建构转变。同时，在这个转变的过程中，学生能够更好地发现积极的德育资源，激发自我发展的内在动力，重塑与过去不一样的积极道德体验。

二、职业学校积极德育模式的构建

模式的概念，简单来说就是事物的标准样式或操作的标准范式。学校德育模式是指在德育理论的指导下，在德育实践过程中逐渐形成的相对稳定的系统化、理论化的教育范式，或在德育理论指导下形成的相对稳定的德育程序与实施方法的策略体系。近年来，随着教育改革的不断推进，各种教育模式的研究成果层出不穷，在促进职业教育发展中发挥了重要作用。然而，人们道德观念的变化为职业学校德育带来了新的挑战，德育理念、德育方法、德育模式未能及时作出调整，无法适应新时代德育的要求。新情况、新问题、新矛盾的出现使广大德育工作者深刻地感受到德育工作面临的巨大挑战，尤其是现有德育理论无法联系德育实际，缺乏可操作性，使得职业学校德育工作无法真正落到实处。而德育模式的研究恰好能够有效地解决这个问题。

很长一段时间内，德育理论与德育实践无法实现有效连接的问题一直没有得到足够的重视。这也充分暴露了德育理论研究与德育实践中间环节研究不充分的问题。德育模式研究将德育理论和德育实践联系在了一起，是德育理论转化为德育实践的桥梁。德育模式是德育理论的具体化解读，通过简洁明了的表现形式和具有可操作性的程序准确地反映德育理论的基本特征，使德育工作者能够更好地把握抽象的德育理论并能在思维中建立具体的知识框架，帮助德育工作者在德育实践中更好地把握和应用相关德育原理。德育模式直接来源于德育实践，德育模式的形成需要通过长期的德育实践，逐步形成较为稳定的德育活动结构和应用策略，换言之，德育模式是长期德育实践经验的总结和高度概括，并通过德育理论提升了德育实践的层次，扩大了实践经验的应用范围。一种好的德育模式一旦形成，就会对德育实践发挥强有力的指导作用。

传统的德育模式已经不再适应现代社会的发展和道德要求，逐渐与现实生活实际脱节，并且过去的德育理念往往忽视了学生在教育中的主体地位，无法实现对学生主体性的培养。为了适应时代发展和社会需求，我们需要对过去的德育模式进行反思，弥补忽视学生主体性的不足，并积极探索符合时代发展的新型德育模式。

积极德育以积极心理学为理论基础，并将其与德育相结合，将"积极认知、积极行为、积极关系、积极体验"作为积极德育的主要教育途径和教学手段，并且这种途径和手段符合人的内在心理机制和运作方式，在德育中应用能够更好地促进良好道德形成和培养。

积极认知是积极行为养成和积极关系建立的基础。学生可以通过积极体验提升自己对道德理论的理解，形成更深刻的认知。积极认知的建立能使学生具备更强的道德判断能力和辨别能力，并能在实现道德动机内化的过程中不断规范自己的行为习惯。

（一）积极认知是积极德育的形成基础

1. 积极的认知评价

认知评价是人对所处的外部环境、接触过的人以及自我的感知、判断和评价。积极的认知评价就是能在评价过程中既能看到存在的问题和消极的因素，也能发现积极的因素和积极的力量。

2. 积极认知与积极品德培养

当人所处的外部环境或接收到的外在刺激符合人的主观需求和心理期待时，就会产生积极的情绪体验，并在外在行为上表现出积极趋向。但当外部刺激不符合人的主观预期时，人会产生消极情绪，这个时候就能体现出积极认知评价的重要价值了。拥有积极认知评价的人此时会调整自己的认知，产生对自我的积极评价，消除消极情绪的影响。积极的认知评价能在一定程度上帮助人们抵御消极因素的影响，在外部环境和外界刺激不符合预期的情况下激发人的积极情绪体验，从而获得认知的提升。[①]

当人看到或经历雪中送炭、诚实守信等积极的事件和行为时，自然而然地会产生感动、敬佩、赞赏等积极的情绪体验，并收获积极的情感和感悟，促进良好品德和行为的养成。但当看到或经历自私自利、损人利己的不良等消极的事件和行为时，就会感到愤怒、忧郁、不公等消极的情绪体验，有些人甚至对社会感到失望，放弃对社会道德规范的认同、原则和理想，与不良道德同流合污。而如果能够用积极的认知评价和思维方式应对这些消极的情绪体验，就能将消极转化为积极，获得正向的、积极的情绪体验。人们在面对不良道德现象时会产生消极的情绪体验，从积极德育的角度来看，这恰好能说明人的心中还存在着对社会道德坚守，没有泯灭良知，本质上还是趋向善的，是渴望公平与正义的。

当人意识到自己的思想、言行或个人品质上存在问题和不足时，通常会产生羞愧、羞耻、自卑、自责等消极的情绪，尽管这些消极情绪会对个人造成心理压力，但却可以帮助人们形成约束不良行为的意识，产生纠正自身问题的意愿；当然，有的人也会因为无法面对这种消极情绪和心理压力，选择逃避现实，放任自我，最终只能向更坏的方向发展。如果这个时候，可以用积极的认知评价和思维方式看待自身存在的问题和不足，就能刺激个人正确自我认知的觉醒，既能看到

---

① 周围，积极道德教育——积极心理学视域中的道德教育研究[D]. 南京师范大学，2011.

自身的问题与不足，也能发现自身的优点和潜力，从而激发个人自我完善的内在动力，认识到羞愧、自责、自卑等消极情绪是拥有道德良知的体现，是自己渴望向善的表达，也是自身内在积极潜能的体现。这个时候，人对自己的认知就会发生改变，并带动情绪和情感向积极转变，表现出自信、感动、自尊等积极的情绪体验，个人向善的内在动力才能够被激发，最终实现个人道德水平的提升和良好行为习惯的养成。

综上可见，积极的认知评价能促进人形成积极的自我认知，从而影响人的道德行为，对人的积极道德发展具有重要作用。

（二）积极养成是积极德育的培养核心

养成教育具体地是指培养学生良好的思维习惯、语言习惯和行为习惯的教育。

1. 积极行为

从心理学的角度来讲，行为没有积极和消极的分别。在德育中所说的积极行为是指有利于实现学生正当目标的一切行为和行为习惯。积极行为能够促进学生正当目标的实现，同时也不会对他人的正当目标和利益造成损害。积极行为是符合社会道德标准的道德行为与行为习惯。

道德品质是一种稳定的、固定化的心理特征和行为特征，和人的行为有直接的联系。可以说，道德品质就是一种稳定的、自动化的行为模式和行为习惯。而人之所能形成经常化的行为模式和行为习惯，是道德行为在长时间内反复实施不断稳定和固化的结果。

2. 积极行为与积极品德的培养

培养具有良好道德品质和行为习惯的人是德育的根本目标。而良好道德品质和行为习惯是在不断反复的良好道德实践中逐渐形成的心理习惯，所以，亚里士多德倡导在理性自觉的前提下，通过大量的积极的道德活动和道德行为实践促进美德形成。所以，在积极认知的基础上，要养成学生自觉地、积极的道德行为和行为习惯，并且经过长时间的固化和稳定使之成为稳定的、习惯化的积极道德品质，不仅是积极德育必不可少的重要环节，也是评价积极德育效果的关键标准。

当学生接受过德育，并通过自我反省表现出道德行为自觉，或者在不经意间表现出道德行为时，教师应该凭借细致的观察力察觉学生的这些变化，并给予学生适当的鼓励和奖励，强化学生的积极道德行为，保护学生的积极性和自觉性，从而促进学生出现更多的积极行为,通过教师的不断强化最终形成模式化、稳定化的积极行为模式和行为习惯,最终沉淀为积极的道德品质。

(三)积极关系是积极德育实施的保障

人具有社会性,在社会实践活动中会与其他人建立一定的社会关系,这就是人际关系,有时也被叫作人际交往。人际关系包括家庭关系、亲属关系、朋友关系、师生关系、同学关系、同事关系等,人际关系的好坏将直接影响人的情绪和生活,对环境气氛、人际沟通、组织运作、工作效率等也有较大影响。

1. 积极关系

积极关系是指以正面的、尊重的态度与他人相处,建立和谐稳定、相互尊重的人际关系。积极人际关系的建立有助于促进积极情绪的产生,对人的身心发展有重要的积极的作用。

2. 积极关系与积极品德的培养

从道德发展理论的观点来看,人在青少年时期最主要的道德需求就是建立良好的人际关系,可以说,人际关系对青少年时期道德品质的培养影响巨大。所以,职业学校应通过德育引导学生学会建立积极的人际关系。德育能够帮助学生了解人际交往中自我、他人与情境的相互关系,掌握与他人沟通的技巧和人际交往的技巧与原则,帮助学生构建积极、稳定、互相支持的人际关系。

1)亲子关系

家庭是人生中的第一所学校,父母是人的启蒙老师。家庭是最小的社会群体,对人的影响是潜移默化的。家庭中的每一件小事、父母的每一个言行举止都能对人产生巨大而又深刻的影响。可以说,人的思想观念和行为习惯大多数都是通过模仿家庭成员学习的。可见,父母既要为孩子的成长提供稳定的物质生活,还要关心、完善学生的精神生活。在精神生活方面,不仅要关心学生的心理健康,还要以身作则、言传身教,为学生人格的塑造和道德观念的养成提供正面的、健康的榜样模范。

大量的心理学研究表明,亲子关系对青少年时期道德品质的培养和发展影响巨大。这一时期,学生的心理波动从剧烈趋向平稳,心智逐渐发展成熟。在心理环境巨大转变的时期,父母应该细心观察学生的变化,建立和谐的、有效的亲子沟通,切实了解学生的真实需求。同时,要密切关注学生的人际交往关系,在实际生活场景中培养学生的人际交往能力。

2）师生关系

师生关系是在长期的教学活动中形成的教师和学生之间的人际关系。教学活动是形成师生关系的重要纽带。师生关系是职业学校德育中最基本的人际关系之一。教师与学生之间的情感联系能在教学中发挥特殊的作用。要建立积极的师生关系，要以相互尊重、相互信任的师生情感关系为基础。积极的师生关系是教师与学生相互尊重、相互关爱的结果，是在教学过程中充分发挥教师与学生创造性的催化剂，是促进师生性情和灵魂发展的土壤。

那么，积极的师生关系到底是什么样的呢？建立师生关系的主要因素有三个，即教师与学生之间的认知、情感和行为。在积极的师生关系中，教师和学生相互形成正确、客观的认知，情感关系融洽、密切，行为尊重、友好。具体来说，从认知层面来讲，教师的思想观念、道德水平、人格魅力、价值观念、兴趣爱好以及性格等方面都能给学生留下良好又深刻的印象，学生对教师的认同度较高；教师能在不知不觉中以自己的道德品质和价值观念影响学生，成为学生的榜样。从情感层面来讲，教师要给予学生关怀、理解和尊重，建立相互尊重、相处融洽、沟通顺畅的师生情感关系，从而促进学生将对教师的喜爱移情到学习中去。从行为层面来讲，教师要成为学生的模范和榜样，要做到表里如一、知行合一，从日常行为上彰显良好道德修养和价值观念，引导学生养成良好的道德行为。

3）同学关系

同学关系是心理发展水平相当或年龄相当的个体之间形成的人际关系。同学关系大多是平等的、平行的，不同于家庭关系那样垂直的关系。当代家庭与邻里亲朋的交往没有过去那样密切，学生朋辈关系网不多，因此，同学关系成为学生主要的平行人际关系。在以班级为单位的群体中，学生的个性化发展和社会性培养都受同学关系的重要影响。积极的同学关系能够帮助学生更好地融入班级群体之中，同学关系融洽的学生通常个人道德水平也比较高。其实，无论是学校、班级还是宿舍，都是一个浓缩的小型社会，在班级这种小型社会中学会处理同学关系，为将来步入社会处理更加复杂的社会人际关系打下良好基础。

从进入班级开始，同学关系就开始逐步建立起来了。特别是在中学阶段，学生大多数时间都是在学校中与同学共同度过的。这一阶段也是朋辈群体影响力最强的时期，无论是对个体的心理发展，还是对社会性发育的作用，都起到了关键的作用。

积极的同学关系能增强学生的自我认同感和自我价值感的提升。从班级的现实情况来看,"人缘"好的人通常能获得更多的支持和帮助,这类学生对自我认同较高,能够更好地接纳自己,并建立良好的自我统一性。

(四)积极体验是积极德育的实现途径

积极教育理论认为,积极的道德体验是促进学生积极品质发展的最有效的途径。积极体验能够激发学生自我发展与自我完善晚上的内在动力,因而获得的感情和感悟也更容易被学生理解和认同,最终内化、稳定为自己的人格特征或行为准则。

1. 积极体验

情绪和情感是客观事物是否满足个体需求而产生的心理活动和行为,包括主观体验、生理激起和外显表情。其中,体验是情绪和情感的基本特征,将与情绪和情感的关系最为密切的称为情绪体验。[①]

积极体验是环境和客观事物与人的预期相符时产生的心理体验。积极心理学将积极情绪体验分为感官愉悦和心里享受两个层次。感官愉悦是人体内部不良情绪因素被消除之后的放松体验,是机体获得平衡、生理需求被满足后的放松体验。心里享受源自人本身固有的、内在的平衡打破后,超越自身原有状态的心理体验,如困难被解决、目标被实现等。

2. 积极体验与积极品德的培养

首先,积极情绪体验能帮助学生更好地理解道德理念和道德知识,将体验中的感悟转化为自我完善的内部动力,激发个人道德意志,强化自律和自我约束,最终良好道德品质的培养。

在德育过程中,如果学生对于道德理念和价值观念没有形成认同、赞赏、相信等积极的情绪体验时,那么这些内容将无法被内化为学生的道德品质。只有当学生产生了积极体验才能更好地理解这些内容真正的价值和意义,并主动内化为自己的道德品质和行为准则。在激发和培养学生自我完善的内部动机时,如果学生能够通过切身实际的情绪体验感悟到道德知识和原则对个人发展的重要意义,或者能够感同身受体会到道德行为的享受价值,那么学生才能切实把握道德必要性和重要性,认同道德原则与道德规范。在道德体验过程中,如果学生在获得积

[①] 周围,积极道德教育——积极心理学视域中的道德教育研究[D]. 南京师范大学,2011.

极情绪体验的同时，产生了一些"困难"，通常这些"困难"会成为促进学生进步的挑战，成为学生突破自我、不断发展的机遇。

积极心理学从情绪充予和情绪调节的角度解答了积极情绪是如何促进人道德自律的心理机制产生的。人之所以会产生自律心理和自律行为，是因为特定的行为往往能够促使某种情绪性结果的产生，或者带个人某种性质的情绪体验，由于这种行为与相应的情绪体验具有比较稳定的条件性联系，所以表现出这种特定性为被情绪定性或被情绪充予的状态，当这种行为再一次出现时，就会引发相应的情绪体验并对大脑反馈体验结果，从而对人的行为产生起调节作用和强化作用。基于此，如果学生的某种行为经常获得教师的肯定、称赞、鼓励等，就会产生愉悦、满足、幸福、骄傲等相应的情绪体验，并且会将这些情绪融入这种行为之中，产生积极的情绪充予；倘若学生的某种行为经常被教师和其他学生排斥、厌恶、批评等，学生也会将这些情绪注入行为之中，产生消极的情绪充予。一旦行为被某种情绪充予，当学生出现这个行为时就会产生相应的情绪体验和情绪性联想，学生会通过这种情绪性后果体会到实施（或不实施）这种行为的原因或道理。

其次，在积极的道德体验中，心理享受和优良道德品质的培养关系密切。积极心理学的观点认为，在促进人格成长和积极道德品质的培养方面，心理享受比感官愉悦的功效更大。

心理享受和感官愉悦都是积极体验，二者既相互联系又有明显区别。一般情况下，心理享受和感官愉悦会同时产生，并相互促进。心理享受能增强人的感官愉悦，感官愉悦的累积有利于心理享受的形成。二者的区别在于，感官愉悦属于感觉类的心理现象，是人受到外部刺激时产生的直接感官反应；心理享受属于知觉类的心理现象，它的产生需要人的认知评价参与其中。通常，感官愉悦维持的时间较为短暂，并且受外部刺激的直接影响，当外部刺激消除，感官愉悦也会很快消散；心理享受维持的时间相对较长，并且能被人迁移到其他环境中，使其被延长。这说明了，心理享受的心理机制比感官愉悦的更加复杂，主要受人的主观需求和认知评价影响，会与更多的心理因素产生联系。所以，人对于优良道德言行产生的积极的情绪体验，如感动、赞赏、欣慰、快乐等心理享受，而这些积极体验会促进人产生积极的道德品质和行为习惯。所以，积极德育倡导通过正面的、积极的教育方式，为学生提供更多的积极体验，激发学生积极的感官愉悦和心理享受。

第三章

职业学校积极德育模式与心理环境

第一节 职业学校积极德育模式心理环境概述

一、职业学校思想政治教育心理环境的概念

"心理环境"一词最初是由勒温提出的，作为格式塔心理学派代表人物，勒温认为无论是人还是环境都是一个整体，人的心理以及由此产生的行为、发生的事件都是在整体的制约下产生、发展和变化的。勒温认为，要想对人的心理行为进行了解或预判，就需要清楚人在整个环境中的各种心理事件，如情绪、动作、表现等，换言之，要清楚事件发生过程中关于人的完整结构的状态和心理环境状态。所以他从人与环境二者之间的关系来研究人的心理行为。从勒温的研究来看，人的行为主要受两个因素的影响，即个人当时状态和环境状态，两个因素共同作用构成心理动力场。而为这个心理动力场提供动力的，既有个人状态的动力，也有环境状态的动力。勒温在他的书中对环境状态进行了细致的描述，孩子在花园中游戏时，知道母亲在家和不知道母亲在家的行为表现是不同的，孩子这种心理变化显然不是花园的自然环境产生的作用，更多的是孩子内心是否知道母亲在家的差异，这就是心理环境对行为的影响。根据勒温的描述对心理环境的概念获得大致了解。心理环境是观念上的环境而非现实中的环境，它是存在于人的思维之中的，能够影响人的行为的所有环境。当人将客观环境转化为心理环境时，会经过主体与客体、生理与心理的相互作用。当客观事物对人产生刺激时，人的大脑会接收这些刺激信号，并对其进行分析、综合与加工改造内化为主观印象，于是人就产生了心理活动。心理活动产生后还会在人的心理时空中继续被折射、扩展、积累和反馈，最终形成了以观念形式表现出来的心理环境。为了避免心理环境和客观环境混淆，勒温将心理环境加上了"准"字，将心理环境称为准环境。准环境需要三个构成要素，分别为准物理的事实、准概念的事实以及准社会的事实。无论人有没有意识到事件的发生，只要该事件成为了心理的事实就都能对人的行为造成影响。

二、职业学校德育心理环境的概念

后来的社会心理环境、校园心理环境等概念都是在勒温心理环境概念的基础上提出的。职业学校德育也是在一定的环境中实施的,而这个环境必然会对学生产生影响,学生将这个客观环境经过加工、内化与沉淀,最终形成了影响心理行为的心理环境。这样就可以推断出职业学校德育心理环境的概念,是指在职业学校德育过程中,存在于学生思维中的能对学生德育程度产生影响的所有环境。无论学生有没有意识到环境的存在,只要它成了学生的心理事实,就都能成为学生的心理环境。

三、职业学校德育心理环境的构成要素

职业学校德育心理环境的构成要素主要有以下三部分。第一,社会上大多数人履行的实际行为以及在这个基础上形成的社会风气与表现出的社会面貌,即社会风气和社会群体的行为倾向。第二,社会权威和社会名人的道德水平与道德行为对整个社会带来的影响,即道德模范的表率情况。社会权威包括国家主要领导人物、行业模范、社会树立的正面典型和反面典型,也包括父母、师长以及亲属。其中,因为父母、师长和亲属是学生平时接触较多且关系特殊的群体,更容易成为学生的道德榜样。感染力和说服力,更容易促进学生产生道德认识和道德情感。第三,文化舆论环境。国家政策方针、社会舆论导向、大众传媒、新闻出版等都是常见的文化舆论环境。社会心理环境就是在文化舆论环境的基础上形成的。因此,要让学生形成健康的心理环境首先要为学生提供健康的文化舆论环境。也有一些学者认为,心理环境还包括民族文化传统和民族精神。

笔者在上述基础上,针对不同心理层面的心理环境构成要素进行了总结和归纳,整理出了职业学校德育心理环境的构成要素,主要包括以下几点。

(一)国家政治经济体制

无论是教育还是德育,都是在一定社会环境中实施的,并受到社会现实的影响和制约。从德育目标到德育教学计划的实施,都以社会生产方式为基础。所以,不在政治经济制度下的德育也存在明显不同。国家的相关方针政策也会对德育的发展方向、教学内容、教学计划、教学组织和活动方式产生影响,并且对学生的三观塑造和人格形成也具有重要影响。

(二)民族文化传统与地域性的风俗习惯

民族文化传统和民族精神是一个民族在漫长的形成和发展过程中不断融合、变化、沉淀而成的,因此具有较强的感染力和渗透性,能够潜移默化地影响人的思维模式和行为习惯。此外,地理环境对人的性格形成有较大影响,同一地区的人往往具有相似或相同的性格特征。所以,来自不同地域、不同民族的学生或多或少会受到地理环境和心理环境因素的影响,表现出不同的思维模式和行为习惯,这些都是职业学校德育心理环境需要考虑的因素。

(三)文化舆论环境

职业学校德育健康的心理环境形成离不开健康的文化舆论环境。对于职业学校学生来说,影响较大的文化舆论环境主要包括大众媒体、网络、报纸、杂志等校外文化舆论环境,以及学校广播站、宣传栏、文化活动等校内文化舆论环境。文化舆论具有较强的导向作用,并且随着大众媒体和网络的广泛普及,对学生的学习和生活越来越深入,需要格外关注。

(四)校风

职业学校德育校风是学校所有学生和教职人员在学习、工作和生活中表现出的一贯的行为倾向,潜移默化的影响学生的思维方式和行为习惯,并具有较强的聚合作用和激励作用,能在一定程度上保护和强化学生的心理环境健康。校风对治校和育人都具有重要作用,是建设健康心理环境中不可缺少的重要因素。

(五)人际关系

人际关系环境能够直接影响学生的心理状态,甚至在很多时候能起决定性作用。近年来,由于人际关系不协调而造成的青少年心理健康问题更是层出不穷。在学校中,教师和学生关系环境不良,造成学生消极、厌学,影响教学顺利开展。

(六)校内文化活动

校园生活不只有学习,还有各种文化活动。文化活动不仅能丰富学生的校内生活,也是对课堂教学、实践教学和德育的补充。此外,各种校园活动能够对学生的团结协作能力、实践能力、人际交往能力的培养，促进学生综合能力的提升，进而改善学生的心理环境结构。

四、职业学校德育心理环境的分类

不同学者采取了不用的分类标准，因而对心理环境的分类有所不同。有的学者根据心理环境的性质不同，认为能够促进人形成优良品德的是健康的积极的心理环境，认为阻碍人的优良品德发展，破坏心理健康的是消极的心理环境。有的学者从载体和层面的角度，将心理环境分为社会心理环境、社区心理环境、校园心理环境和家庭心理环境等。在德育过程中，可以根据学生接触层面的环境与载体的不同，将德育心理环境分为社会心理环境、学校心理环境、课堂心理环境、宿舍心理环境和家庭心理环境。

（一）社会心理环境

社会心理环境是指那些能对学生心理活动产生实际影响的整个社会生活环境。换言之，是处于社会生活中的人在相互影响中逐渐形成的心理氛围，是人与社会环境的主观与客观的统一。社会心理环境有外部心理环境和内部心理环境之分。外部心理环境是指群体之外的社会环境，如国家政治经济方式、社会思潮、社会风气、生活习俗、地域特色等。随着教学制度越来越包容开放，以及互联网及其应用设备的广泛普及，学生接收信息的渠道便利又广泛，尽管在学校生活也会通过互联网参与社会生活，并受到社会风气与社会舆论的影响。内部心理环境是指群体内部的社会环境，如共同的目标、群体规则、人际关系等。

（二）学校心理环境

学校心理环境指学校内能够对学生和教职工心理状态造成影响的一切环境因素，如校风、学校历史传统、学习和学术氛围、管理方式等。学校心理环境能对学生学习和生活造成直接影响，也是促进学生个性发展和道德培养的土壤。

（三）课堂心理环境

课堂心理环境是学生在教学活动中能感知到、体验到的课堂教学气氛，并对学生的认识和学习行为造成影响。课堂心理环境既包括学生的心理环境，也包括教师的心理环境。学生的心理环境有课堂学习态度、课堂行为等；教师的心理环境有教学态度、教学能力、个人魅力等。目前，课堂教学仍然是职业学校实施德育的主要方式，所以，课堂心理环境是德育心理环境的关键环节。

（四）宿舍心理环境

宿舍心理环境包括舍内人际关系、学习和生活氛围、宿舍文化等在宿舍内能够影响学生的所有环境因素。宿舍既是学生生活和休息的场所，也是课后学习、娱乐活动的主要场所。宿舍内的成员流动小，空间密集，舍内成员联系密切、相处时间长，相互影响最为直接，因此，宿舍心理环境也是职业学校德育心理环境的一个重要因素。

（五）家庭心理环境

家庭心理环境是能够对所有家庭成员的心理行为造成影响的所有环境因素。物质文化和物质水平是家庭心理环境的物质基础，家庭意识是家庭心理环境的主导因素，家庭行为是家庭心理环境的直接表现。家庭是社会的首属群体，父母是学生德育的启蒙，家庭是直接影响学生的重要环境。学生在健康、积极地家庭氛围中成长才能更好地形成积极的心理环境，并能将对亲情的感受和理解转化为学习的内部动力，从小养成良好的道德品质和行为习惯。

职业学校德育心理环境是学校德育实施过程中，存在于学生思维中的，能对学生受教育程度产生影响的所有环境。心理环境是一个由多种因素构成的复杂的心理构成物，在不同的心理层面有不同的反映和表现，能对职业学校德育产生作用和影响。

第二节 职业学校积极德育模式中心理环境的作用

一、职业学校德育中重视心理环境作用的成果

无论是学科教育还是德育教育，都必须在一定的心理环境中实施，特别是德育教育，更需要心理环境潜移默化的熏陶和引导。随着德育研究的不断深入，新的德育理论和理念的推陈出新，学校对影响德育的各项因素也越来越重视。近年

来，职业学校也逐渐意识到心理环境对德育的重要作用，关注良好心理环境的建设，为学生学习和生活提供健康的心理氛围。

（一）心理学与德育融合更加深入

德育是促进学生道德品行、健全人格和心理健康发展的学科，心理学是研究人的心理活动和心理现象的科学，二者在教学内容和教学方法上有一定的重合和互补之处。心理学中对于人的心理特点、性格特征等研究为德育提供了理论依据，心理学的研究方法也能为德育提供实践依据。

近年来，我国对心理健康教育越来越重视，逐渐区分了道德品行问题和心理健康问题。过去，问题学生的都一切被归结为道德品行问题，于是采取了规范、训诫、惩罚等措施进行"纠正"，往往收效甚微，学生认为"没人理解"，最后变得更加叛逆和逆反。随着心理学在德育中的应用逐渐深入，教师学会用心理学的理论和方法分析学生的问题，渐渐将道德品行问题和心理健康问题区分开。心理健康问题有很多种，人际交往的困扰、学业的压力、家庭生活变化的焦虑等，都会对学生心理健康造成很大影响。从心理学研究我们发现，相比于惩罚，激励能更好地促进学生正向情绪的形成和发展，更容易调动学生的积极性。德育教师在教学中越来越多地应用心理学知识和方法，来提高德育的教学效果。如激励和共情，用激励提高学生的积极性，用共情引起学生情感上的共鸣，与学生感同身受，促进师生关系发展，再将学生的好感"移情"到课堂教学中。

（二）引入心理咨询模式

心理咨询是综合运用心理学、医学、哲学、社会学等学科知识的学科，运用心理学原理和方法帮助学生解决心理问题，走出心理困境，并对具有心理障碍和轻微精神疾病进行诊断和矫正。在职业学校中，心理咨询主要是为学生提供指导和帮助，让学生了解人在不同年龄阶段的心理特点、人生重点和发展策略，为学生提供心理学知识辅导以及学习和行为指导。同时，也可以通过专业测量工具帮助学生了解自己的人格特点，提供就业指导和就业心理辅导。心理咨询还具备预防心理问题的功能。教师通过心理咨询了解学生在学习、生活和就业过程中遇到的困难，帮助学生掌握排解情绪、自我调节的方法，增强学生的自我调节能力、环境适应能力、抗压能力和受挫能力。

青年学生的生理发展基本成熟，但是心理发展水平仍不算高，主要表现为以下三个特点。

第一，具有较强的独立意识，认知发展成熟，理论和抽象思维占主导地位。由于思维的独立性，因此具有较强的批判意识，但又因为缺少清晰且明确的辩证思维，没有科学的方法论作为指导，经常出现比较片面的结论，并且大多固执己见。特别是对一些比较复杂的社会问题，常因个人意识较强而产生偏见、偏激的想法，看法和策略大多理想化。

第二，情感发展和意志发展接近成熟，道德感和理智感更加稳定。对未来生活充满憧憬和向往，但想象往往过于美好有些不切实际。重视友情和爱情，但较为情绪化，情景性与波动性表现比较明显，情绪控制能力较弱。例如，社交恐惧症、狂躁症等，都是这种心理特征的表现。

第三，个性发展进入塑造成型的关键阶段，自我意识的发展中存在较多矛盾，自觉性的个体化差异较大，在自我评价、自我教育方面也存在较大个体差异，缺乏明确的人生发展目标和人生规划。

心理发展的不成熟，最直接的表现就是道德品质的下降和行为习惯不规范。近年来，学生心理健康问题层出不穷，如自卑、抑郁、焦虑等，青少年学生的自杀率和犯罪率也有所增加。这些问题的出现引起了社会各界的广泛关注和高度重视，职业学校也在尽力探索问题产生的原因并试图找到解决问题的方法，于是，心理咨询逐渐走入职业学校。并通过多年实践和发展，逐渐成为职业学校德育的重要手段。例如，可以借助电子邮件，建立一个匿名心理咨询通道，学生在匿名状态下能够更好地敞开心扉与教师建立良好沟通，教师能够了解学生真实的心理状况和想法，与学生建立了正向的情感联系。通过心理咨询为学生提供指导和帮助，也激发了他们对心理健康课程和德育课的兴趣。

大多数职业学校都陆续建立了心理咨询体系，开辟了心理咨询室，建立了心理咨询热线或线上咨询渠道，组织了具备心理学专业知识和经验丰富的心理学教师。有的学校还开设了心理学基础课程，建立了心理咨询社团，尽力为学生创造一个积极健康的心理环境。

二、职业学校德育在利用心理环境方面存在的不足

心理咨询引入职业学校为学校德育做出了明显贡献，在一定程度上缓解了学生的心理问题，消除了德育心理环境中的部分消极因素，但在创建良好心理环境方面仍然存在明显不足，需要进一步完善和改进。

（一）重视硬环境的发展，忽视软环境的建设

校园环境包括物质环境和精神环境，即硬环境和软环境。物质环境是硬环境，是能看得见摸得着的客观存在，能直接被学生感知，如校园绿化建设、校内设施建设、办学条件、宿舍与食堂环境等。干净优雅的物质环境能给人舒适的情绪感受。精神环境是软环境，是无法直接感知的，但又具有客观实在性，能被体验到。精神环境包括校内人际关系，如同学间关系、师生关系等；文化氛围、校风等。愉悦、放松、积极的氛围能给人积极的情绪体验。物质环境和精神环境和学生的心理相互作用，最终形成影响学生品德和行为的心理环境，软环境与硬环境同样重要。

随着心理环境越来越被重视，以及国家教育经费的投入增加，各职业学校都加大力度提高学校环境建设，尽力为学生提供干净、宽敞、舒适的物质环境。但硬环境的建设上去了，软环境的建设仍然滞后。人际关系是学校软环境的核心因素之一，其中，对学生德育影响最直接、最大的就是师生关系。学生习惯于将对教师的情绪迁移到学习之中，因此，刻板僵化的师生关系容易影响学生的学习积极性，产生逆反厌学的心理，影响教学的顺利开展。目前，课堂教学仍然是职业学校德育的主要教学形式，教师在课堂上与学生缺乏互动，课堂外也与学生接触较少，自然无法建立亲密的师生关系。从心理学的角度来看，当人产生信赖感之后，就很容易将这份信赖感移情到别的地方。正是因为移情作用，学校和教师都希望能和学生建立良好的师生关系，通过移情作用激发学生的学习积极性和主动性。此外，学生之间的人际关系是影响学生的另一个重要因素。同学关系是学生的主要的人际关系之一，学生在人际交往过程中往往会形成比较固定的小团体，特点是人数少、关系集中、陪伴时间长。从心理学的角度看，同伴之间的感染作用较强，并且同伴之间能互相感染，产生一种互动效应，能具有相同的情绪和行为。职业学校德育还没有对人际关系环境给予足够的重视，许多存在人际关系问题的学生长期生活在紧张、冷漠的人际关系环境中，严重影响了学习和心理健康发展。

（二）德育目标的定位脱离实际

许多职业学校德育目标定位不清晰，脱离了学生的思想实际，过度重视高层次的目标，反而忽略了低层次的目标。在制订德育目标时，没有切实地考虑学生

的实际需求，弱化了德育的个体功能，对学生的真正需求缺少关注，将关注的重点放在社会化功能上。侧重于群体意识的培养，轻视了思维意识的形成。德育应该是养成良好道德和行为习惯的教育，健全完善学生的独立人格，实现学生的全面发展。但是，仍然有大部分学校被困在传统德育理论中，多年来一直沿用同一个德育体制和教学内容，以国家政策方针和思想政治教育为教学核心，但这些内容学生在中学阶段已经学习过了。同时，德育目标离学生的思想实际和生活实践有些遥远，学生很难产生情感共鸣，无法获得切身实际的道德体验和道德感悟，因而无法真正达到教学预期。综上可见，许多职业学校在确定德育目标时存在目标过高、要求单一的问题，具体要求刻板陈旧，缺乏时代性和层次性；忽略了学生的现实需求，脱离学生实际思想和实际生活，呈现出"假、大、空"的特点。有些学校的德育目标照搬照抄，脱离实际，存在"重复"的弊端。没有充分考虑学生的身心发展规律，盲目地将对先进人才的要求作为学生的道德要求，德育目标没有起到激励和引导的作用，反而因为过于"远大"让学生望而生畏。此外，学校对德育重视不足，德育工作流于表面，德育教学更多是完成"任务"，教学理念、教学方式、教学内容长期不更新，使得学生对德育的"期待值"不足，信任度不够，甚至出现了逆反心理，反映出不同程度的失效现象。

（三）方式与方法枯燥单一

课堂教学仍然是目前德育的主要形式，但课堂教学的理念、方式和方法在不断推陈出新。但许多职业学校仍然沿袭过去"灌输"式教学，课堂上教师和学生缺乏互动与交流，教学方式刻板生硬，难以激发学生的兴趣。学生由于缺乏学习主动性，很难真正理解教学内容。实际上，德育教学更应重视和突出学生在教学中的主体地位，通过生动、直观的教学方式和手段激发学生的主观能动性，引导学生融入德育情景，提高德育体验。而传统课堂教学方式将主体与客体分离开来，学生在教学中很难产生真实的情感体验，自然无法获得学生的理解和认同。为了提高职业学校德育的时效性，教师应该改变教学理念，丰富教学方式和教学手段，充分利用现代教育科技和教学手段，丰富课堂教学，提升教学效果。

德育更应该尊重学生的个性化差异，将学生看作是有独立判断能力和思考能力的单独个体，而非需要纠正道德问题和约束行为规范的群体。因此，德育应多采用启发式教育和个别教育相结合的形式。从目前的情况来看，职业学校德育大多数为公共大课，课堂教学以教师讲授为主，教师在课堂上通常要面对的是近百名的学生,这也是课堂教学中德育实践无法完全落到实处的原因。不难看出,尽管新的德育理念、教学方式和方法不断推出,但在实际应用上仍有很大不足,有许多职业学校并没有从实处践行德育改革。道德培养和发展是一个复杂的认知过程,需要学生将道德体验和感悟消化吸收后再反馈到实践,最终逐渐内化为个人道德认知、道德情感和道德意志,最后落在日常行为之中。因此,只通过灌输抽象的理论知识和行为规范的方式很难让学生产生切实的道德感悟,道德形成与发展也就无从谈起了。

(四)道德评价在学生的评价体系中分量不足

"智育不合格的是次品,体育不合格的是废品,德育不合格的是危险品。"这是职业学校中非常流行的一句话,德育在职业教育中的重要性可见一斑。然而,尽管许多职业学校认识到了德育的重要性,也肯定了德育的重要地位,但在实际工作中却并没有突出德育的重要地位。许多德育学校出于增强本校竞争力的考虑,将发展重点集中在专业教学、学术研究以及学校建设方面,自然对德育"无暇顾及"。同时,大多数职业学校没有建立完善的德育考核评价体系,缺乏对德育教学过程的监督和评价,德育效果很难把控。

此外,德育在学生评价体系中的分量严重不足。尽管许多学校都建立了以综合考评、素质考评为核心的评价体系,但德育在其中的权重仍然不高,与德育为职业教育之中的地位不适应,教师和学生自然对其重视不高。如此,对于大多数学生而言,取得多少荣誉、能否入党、毕业评价如何在很大程度上取决于学习能力和实践能力评价,与个人道德水平关系不大。这在客观上为学生在思想上轻视德育创造了"完美借口"。

(五)心理健康教育力度不够

社会的飞速发展不仅意味着更多的机遇,也有随之而来更加激烈的竞争和更多的挑战。并且,随着文化全球化进程的不断深入,西方不良思想文化的侵袭也更加严重。这些问题都或多或少地成了学生的心理负担,这也是近年来青少年心理问题层出不穷的主要原因。总的来看,学习问题、人际关系问题、自卑心理、就业问题以及环境适应问题是困扰学生的主要心理问题。

第一,学习问题。进入职业学校后学生的学习方式和学习状态产生了巨大变化,每个学生都站在了一个新的起跑线上。部分升学考失利不得不"屈居"职业学校的学生产生了巨大心理落差，总觉得所学职业"低人一等"，或者想努力学习，"逆风翻盘"。部分学生由于学习方式的巨大转变变得迷茫。这些困扰和迷茫久而久之变成了学生的心理压力，在遇到成绩不理想，自学困难时就会变成困扰学生的心理问题。

第二，人际交往困难。职业学校的生活让学生彻底远离了家庭生活，作为拥有较大自主性的独立个体生活在全新的环境之中，学生的成人感和自主性会有明显发展，发展人际关系，建立人际关系网的渴望较为强烈。然而，随着时代的发展，学生的自主性和个性更强，在人际交往中的不确定因素更多。并且许多学生在进入职业学校之前没有进行过人际交往能力和沟通能力的系统性培养，在人际交往方面存在一定困难。

第三，自卑心理。职业学校的生源更加广泛，学生来自全国不同地区和城市，学生的个人能力水平和知识层次的差异明显。有的学生有知识、有的学生有才艺、有的学生有能力，一些自认为在知识、才艺、能力和家庭背景等方面略有不足的学生感到自卑。特别是来自偏远地区或身体有缺陷的学生产生较强的自卑感，情绪比较敏感，容易封闭自我，形成较大的心理负担，最终影响学习和正常人际交往。

第四，就业压力。随着社会竞争的日益激烈，就业压力俨然成为学生普遍存在的心理压力。无论就读于普通学校还是职业学校，多年苦读都为了最终能更好地步入社会，创造个人价值，实现人生理想，成为对社会有用的人。然而，就业竞争的激烈使得学生直接感受到了理想与现实的巨大落差，有的学生无法面对巨大的就业压力，变得心灰意冷，对未来失去信心，变得意志消沉甚至感到绝望。

第五，环境适应问题。环境适应问题主要存在于刚入学的新生和毕业生中。职业学校的学习生活与在普通学校学习的差别较大。实践教学和自主性学习更多。并且，学生进入职业学校后基本上脱离了原本的家庭生活，学习和生活方式的巨大变化成了困扰许多新生的巨大问题。随着生活水平的巨大提高，学生的独立性和自主生活能力较差，进入学校后第一个问题就是要独立适应全新的生活环境，建立新的人际关系，毫无疑问这是一个不小的挑战。而对于毕业生而言，社会与职场的考验和挑战比新生入学更加激烈和"刺激"，从学生到职场人的社会身份转变也是一项较为艰难的考验。

上述心理问题是职业学校学生常见的心理问题，在教学过程中也容易被教师忽视，长期积累下去会对学生正常的学习和生活造成严重影响，甚至有的学生不堪重负选择了过激的、错误的解决方式，酿成人间悲剧。职业学校要重视学生的心理健康和心理健康教育，将心理健康纳入德育之中并给予足够的重视。

三、我国职业学校德育与国际的比较

无论是哪个国家的教育，都本着反应或表达主流意识形态的原则。所以，即便许多国家没有明确的德育或思想教育，但在实际的教育之中都渗透着统治阶级意识形态教育。国外很早以前就将心理健康教育纳入教育之中，其实这就是德育的一种形式。随着文化全球化的深入发展，世界各国的心理健康教育及其在教育中的应用都或多或少地对我国德育进行了启发。

（一）国外心理健康教育应用于德育的实践

1. 英国心理健康教育应用于德育的实践

英国的国家课程中并没有明确的道德或思想品德的课程，而将德育和思想教育融入各个学科课程之中。20世纪90年代，英国学校课程与评估委员会提出学校教育应围绕"自我、关系、社会、环境"四个价值领域展开。自我，即明确生命存在的意义和目的，了解自我性格能力和存在的缺陷，要保持对知识和能力的追求欲望，对自己有良好的认知，能在学习和生活中不断调整自己的状态。在人际关系方面，要尊重并关心他人，与他人和谐相处。我们可以看到，英国的德育既提出了个人发展的目标要求，也提出了心理健康方面的具体要求。英国的教育理念认为，和谐有序的人际关系更有利于人的健康成长，也能为学生的学习和生活创造和谐的外部环境。英国的课程设置中有个人社会和健康教育课程，将安全教育、情感健康教育、营养与体育、性与两性关系教育列为教学内容。学校生活是脱离家庭生活的小型社会，相对于过去的所有环境来说，学生在学校中的独立意识更强，需要面对的各种社会问题更多。安全教育就是帮助学生学会识别潜在的危险，并能在危险来临时学会如何保护自己和救助他人。而随着年龄的增长，学生将面临的情感问题更多，也会越来越复杂，需要尽早建立正确、健康的情感观念，这些都是能让学生更好地独自面对现实生活必备的能力。英国在德育中侧重于面对生活和心理方面的基础性教育，更加关注学生的个体经验，以及个性、情感与自我认知的发展。

2. 美国心理健康教育应用于德育的实践

美国绝大多数职业学校都建立了健全完善的专门性机构，用来帮助学生解决学习和生活中遇到的各种问题。此外,美国还成立了一个专职心理咨询机构,聘请心理专家解决学生的心理健康问题,并提供必要的心理健康辅导。在美国的职业学校中,心理学是必修课。美国的教育观念认为,心理咨询是帮助学生建立健全人格的最好方式。早在20世纪30年代,美国的许多职业学校就建立了心理咨询机构,并在比较短的时间内迅速发展和完善起来。美国的心理咨询机构具有针对性强、对象明确、专业性强等特点。心理咨询方式多种多样,如课堂知识讲授、座谈会、个别谈话、个别咨询、影视剧欣赏等,既保护了学生的隐私,形式的多样化也能引起学生的兴趣,实践效果也比较明显。除此之外,美国的职业学校中设置了学生事务管理者的职位,类似于我国的学校辅导员,专门负责管理各种学生事务。在美国,学生事务管理者需要进行职业考试,普遍学历较高。在职位设置方面,有明确细致的分工,包括心理辅导员、职业规划与咨询辅导员、学习辅导员、生活辅导员等,每个人相对独立,各司其职,工作分工和责任明确,大大降低了辅导员的工作量,也提高了辅导员的工作效率和工作质量。专业化程度很高、专业性强的"职业"辅导员能对学生各种各样的问题提出有针对性的、科学的建议、指导和帮助。美国的德育也倾向于学生个体和自我管理能力的发展,主要采取咨询的方式加强教师与学生的沟通和互动,帮助学生解开学习和生活中的疑惑和困扰。并且,美国绝大多数学校都形成了较为成熟的辅导咨询体系,在心理辅导和思想教育方面更具有针对性。

3. 新加坡心理健康教育应用于德育的实践

新加坡是世界上最安全的国家之一,人们常因为新加坡超低的犯罪率将其称为"没有警察"的国家。可以说,新加坡有这样的国际美誉,德育居功至伟。新加坡十分重视国家意识的培养,增强民众对国家的认同感、归属感和责任感。新加坡德育以培养具有道德意识的、拥有良好的人际关系的、身心健康的人为目标。新加坡的德育理念认为,坚强的个性是学生行走于社会上生存和实现自我发展的必要因素,如此才能在遭遇困难和挫折时保持积极的心态去解决问题;并且,每个学生都应具备良好的人际交往能力,学会尊重他人,建立良好的社会关系,认识到个人的发展离不开集体的进步,因此要有良好的团队意识和团结协作能力。1999年,新加坡正式将德育列为学校科目并颁布了《公民与道德教育课程标准》,并按照文件要求编写了一系列德育教材,提出了"自我、自尊、自律"的要求,即学生要学会正确地认识自我;肯定并欣赏自己的优良品质和才能;要具有坚强毅力、实现目标的决心和不畏困难的勇气;新加坡十分重视学生文化活动和社会体验活动，通过文化活动培养学生广泛的兴趣爱好，促进学生的全面发展；通过社会体验活动实施探索教育，增强学生的道德体验。如组织学生到公园学习并体验鸟类生态，是实践体验中感受生态环保的重要性和紧迫性，让环保意识深入学生的内心世界，加深学习效果。体验式教育能够加强学校学习与社会实践的联系，让学生能够尽早地了解社会，并能将所学知识和技能与社会实践相结合，逐渐地转化为实际行动，最终实现培养较高道德水平人才的目标。

（二）国内心理健康政治教育应用于职业学校德育的实践

1. 港台地区心理健康教育应用于德育的实践

香港地区的职业学校基本都设置了学生事务处，用来帮助学生解决学习和生活中的烦恼和困难，促进不良情绪和心理压力的纾解，缓解不良人际关系等。1999年，香港地区出版的《学校公民教育指引（1996）》，将公民价值分为个人层面的价值和社会层面的价值两部分。个人层面的价值包括普效性核心价值和辅助价值。个人层面的价值强调尊重生命和情感，认为生命是神圣的，每个人的生命都是独一无二的，因此要珍爱自己和他人的生命，尊重他人的情感，真诚待人，与他人建立友好的联系，学会用理性思维控制自己的情绪。进入职业学校后，学生刚从升学的压力中解脱出来，也远离了原来的家庭生活和父母的管教，任何事务都需要自己独立面对和处理。然而，学生此时的情感和理性思维仍然不成熟，所以需要强调生命教育、理性与情感，引导学生建立和谐友好的人际关系。此外，香港地区的心理健康还包括职业教育、生活教育、性教育学等，从学生的个体出发，引导学生建立良好的自我认知，并能掌握一定的自我排解、自我调节的心理学方法。

台湾教育近年来也开始重视学生的心理健康与和谐发展。台湾地区的心理健康教育中，主要使用的是欧美国家的教育理念和教学方法，结合地区实际情况开发了一些适合本土的教育模式。台湾地区的心理健康教育有明确的目标，并与德育目标相结合，能有效地提高学生的综合素养。在心理教育实践上，成立了中华心理卫生协会等专门组织，在学校心理健康教育起一定补充和辅助作用。台湾地区的心理教育专家认为，家庭是大多数学生的心理问题产生的根源，并受社会环境和社会活动影响逐渐形成，最终表现在学习和日常行为上。因此，台湾地区十分重视家庭教育，与家庭和社会联合实施心理健康教育。儒家思想在台湾地区影响深远，教师享有较高的社会地位，薪资和福利待遇也不低，为教师的发展创造了良好的社会环境。并且,台湾地区在教师资格的认定方面更加严格,教师必须拥有学士或以上学位,同时要学满一年教育课程,实习期一年期满后才能获得教师资格。

2. 大陆地区心理健康教育应用于德育的实践

随着我国教育改革的不断推进,普通高等教育、职业教育发展迅速,高等教育大众化趋势越来越明显,毕业生就业竞争更加激烈,学生在就业时承担的压力更大,心理负担更重。因此,国家开始重视学生心理健康教育,并将其列入德育的重要内容,在学校开设心理健康教育课程。1990年,教育部成立了全国学生心理咨询专业委员会,并且发布了相关的文件指导职业学校进行正确的心理健康教育。如2001年和2002年颁布了《关于加强普通高等学校学生心理健康教育工作的意见》和《普通高等学校学生心理健康教育工作实施纲要(试行)》,继2004年《中共中央国务院关于进一步加强和改进学生德育的意见》(中发(2004)16号)和2005年《教育部卫生部共青团中央关于进一步加强和改进学生心理健康教育的意见》(教社政(2005)1号)等文件印发后,同时为了落实全国教育工作会议和《国家中长期教育改革和发展规划纲要(2010—2020年)》精神。2011年,教育部办公厅再度发布《普通高等学校学生心理健康教育工作基本建设标准(试行)》,加强对全国职业学校心理健康教育工作的宏观指导。

从20世纪80年代开始,职业学校在国家政策和理念的指导下在心理健康教育方面开展了大量的研究和实践,心理健康教育进入了一段快速发展时期,学生的心理健康状况和心理素质得到了明显提高。然而,随着社会经济的发展和时代的变迁,社会环境的变化日新月异,中西方文化碰撞与交融更加密切,职业学校学生需要面对的现实情况更加复杂多变,学生的心理特点也越来越复杂。现在的青年学生与80后、70后的学生相比,拥有更强的自我意识,但抗压能力和抗挫折能力较弱,因此,心理健康教育显然不能沿用过去的理论和方式,也对当下的心理健康教育提出了更高的要求。当前我国心理健康教育与咨询机构的设置主要可以归纳为三种模式。第一种是在校党委学生工作中设置科级建制的心理健康辅导中心;第二种是以学院为依托开设心理健康辅导课程或建设心理健康辅导(咨询)中心,由校方给予学院一定经费补贴;第三种建立独立运作的心理健康辅导中心。上述三种模式中,比较常见的是第一种,国内绝大多数职业学校采取的都是第一种模式。学校中从事心理健康教育工作的教职人员主要包括心理健康辅导员、德育教师、医务工作者以及其他管理人员,其中,大多数人并不是全职人员，还兼职其他工作。各方人员通常没有协同工作，所以有些时候无法真正引导学生走出心理困境。并且，教职人员的专业素养参差不齐，有人受过专业系统的学习和训练，而有人则基本不具备心理健康专业知识，全靠个人生活阅历和经验为学生体用指导，德育效果难免差强人意。

（三）国内外心理健康教育对职业学校德育的适用性实践比较

1. 相同点

1）理论基础相同

无论是国内还是国外的心理健康教育，其理论基础来自心理学、教育学等学科，许多著名心理学理论都在中外学校心理健康教育中发挥重要的作用。我国现阶段在心理学理论研究和实践方面都有长足进步，发展速度也比较快，但与其他发达国家的心理学发展相比较，仍然存在不小的差距。因此，当下我国心理健康教育中，比较先进的心理学理论大多数都印自国外。例如，弗洛伊德的精神分析理论，强调心理治疗的价值，主张通过自由联想、阻抗分析、移情分析等方法，让人们在舒适放松的环境下，毫无防备地倾诉自己的烦恼和困扰，从而将人们内心中的不良情绪宣泄出来，减轻人们的心理压力。华生从行为心理学的角度，提出了一系列心理学方法帮助人们宣泄情绪，如系统脱敏法、宣泄疗法松弛训练法、满灌疗法等，达到缓解心理问题的目的。除了上面介绍的两种心理学理论外，人本主义理论、认知心理学理论等也是我国心理健康教育中常引用的心理学理论。

2）根本目的相同

无论国内还是国外，都十分关注学生的心理健康教育，或开设心理健康课程心理学基础知识和心理排解方法，或设置专门机构为学生提供心理健康辅导和咨询服务。无论采用哪种方式都能够看出各国对学生心理健康的关注和对心理健康教育的重视。建立健康教育旨在促进学生的心理健康，帮助学生建立良好的人际关系，更好地适应环境变化，同时培养学生自我调节的能力，能在未来的生活中学会自己调节不良情绪和心理压力，或者及时发现自己的问题向专门机构寻求帮助。各国都重视学生优良品格的培养和心理素质的提高。在教育过程中，能尊重学生的身心发展规律，从其心理和生理特点出发，重视学生的个性化发展和全面发展。除此之外，各国心理健康教育都以德育为目标，目的是培养能够与社会发展相适应的、具备远大理想和正确三观的人。

2. 差异性

1)教育方法上的不同

我国心理健康教育起步较晚,初期发展缓慢直到20世纪80年代才进入快速发展时期。中国职业学校心理健康教育目前主要是以实施心理健康教育课程为核心,主要形式以讲座、心理咨询和选修课为主,因此课程体系上还不完善。在国外,心理辅导中心遍布西方国家的校园,辅导的方法可以是上课、召开研讨会,也可以是座谈、个别谈话、个别辅导,还辅之以电影、电视教育。这些辅导中心的训练形式也多种多样,每年大约有一半的学生在学校的辅导中心里接受如敏感性训练小组、心理剧疗法等心理辅导。以美国为例,美国学校一般是注重从学生个体身心发展水平实际情况出发,对不同年龄段小孩的教育手段和理念不同,大学里开设专门的德育课程很少,对学生的心理健康教育除了一些专业的课程以外还利用学校青年服务中心、社会服务等途径加强对学生的心理健康教育。国外心理健康教育的主要形式以个别咨询、团体咨询和心理健康教育课程为主,近几年也出现了一些比较新颖的形式如朋辈心理互助以及学校、社会和家庭三方的集体合作。

2)专业队伍上

现阶段我国的许多德育工作者尤其是辅导员既要给学生进行德育,还兼任心理健康教育,这一部分的人员很少经过系统化专业性的心理知识、心理测量技术的培训,他们凭借对学生情况的了解以及自己的经验来对学生开展有针对性的指导。在教育过程中往往是受德育工作思维模式的影响,在对学生进行心理健康教育时容易违背心理咨询的一些规律,对学生的心理健康不仅没有起到积极作用,有时甚至还有消极作用。另外一部分对学生开展心理健康教育的职业学校老师是接受过心理学系统知识培训的专业老师,但是目前在职业学校里,他们的数量仍然很少,师资短缺成为制约职业学校心理健康教育的一个重要因素。国外对心理健康教育工作者的要求很高,美国在大学里成立辅导员协会,并且规定辅导员必须接受相关的培训,同时必须取得相应的资格证书才能上岗对学生进行辅导。辅导员的主要职责分为三类:心理辅导、职业辅导和社会化辅导。除此之外,学校还提供一些以少数学生兼职岗位的形式向广大的学生提供住宿辅导等服务,一方面可以给广大学生提供更好的服务,另一方面少数兼职的学生也锻炼了处理各种事物的能力,国外的辅导员分类非常细,具体职责也非常明确,因此对学生的心理健康教育产生了很好的效果。

3）切入点不同

西方国家的教育理论大多来自人本主义理论和科学主义理论，在教育中更加强调学生的主体地位，认为教育就是为满足和实现学生的个体需求服务的。西方国家的心理健康教育，侧重于对学生道德判断能力和选择能力的培养，认为道德理论和价值观灌输并不是学生真正需要的，他们真正需要的是"自我控制的力量"。西方国家的心理健康教育更加看重学生是怎么实现自我选择的，重视学生的发展性评价。换言之，西方国家的心理健康教育以预防为主、干预为辅。而国内的心理健康教育尽管从学生的心理特点为出发点，但是会受个体服从整体的理念影响，在心理健康教育过程中，以心理问题诊治为主，预防为辅；在心理咨询方面，侧重于障碍性心理的咨询，忽略了发展性的咨询。从我国整体上看，无论是德育还是心理健康教育，都以理论讲解和价值灌输为主，忽略了道德实践和能力的培养。

第三节 积极德育模式实效与营造健康心理环境的关系

德育总是要在一定的心理环境中才能真正开展，心理环境对学校德育而言具有非常重要的作用。在职业学校德育中，学生通过自身的知识结构、认知水平和思维方式与周围环境发生相互作用，内化为道德品质。

一、心理环境的影响内化为学生道德品质的机制

无论是德育工作的顺利开展，还是德育效果的提升，都离不开心理环境的作用。然而，环境的影响只是推动事物发展的外部因素，内部因素才是促进事物发展的根本动力，并决定了事物发展的最终方向和性质。那么，如何让外部因素发挥巨大作用，内化成为促进学生道德品质发展的内部动力呢？它的内化机制又是什么呢？在本节都会找到答案。

（一）模仿心理

模仿其实是人的一种心理行为，当人受到非控制的外部刺激时就可能会产生模仿心理，表现出自觉或下意识地对他人行为进行模仿的特征。受到模仿心理的

影响，一些群体会表现出与其他群体相同的行为。从心理学的观点来看，模仿行为属于一种自然倾向。知识其实就是在人类的模仿行为中诞生的。可以说，模仿是人们道德社会化最重要的途径。

美国心理学家认为，人类形成某种行为的方式有两种，一种是通过直接经验学习而产生的；一种是通过观察他人的行为和间接经验学习产生的。第一种方式通常需要花费较长的时间才能习得，并且过程较为吃力，需要付出比较大的代价。事实上，人类大多数的行为都是通过观察他人行为学习获得的。根据杜拉的观察学习理论，我们可以这样理解，人类的行为是在观察他人行为的基础上，通过反复模仿与实践逐渐形成的。这一理论在德育中也同样适用。特别对于道德经验较少的学生而言，通过观察模范榜样的行为更容易实现德育的目标。事实也确实如此，学生的许多行为最初都通过观察父母习得，之后是通过观察同学、朋友和老师习得。

（二）从众心理

从众是个体在群体的裹挟下，不得不转变自己的观点和意见，做出与大多数人的观点和意见相同的看法。"人云亦云""随声附和"就是这个道理。在日常生活中，从众心理的现象随处可见，在学生群体中从中心理的表现更加明显。社会心理学家认为，从众心理是个体避免冲突、增强安全感的重要手段。个体为了与群体和谐相处，受到头脑中群体压力的影响，主动放弃自己的观点和意见，做出与群体相一致的选择，最后通过个体的观念和行为表现出来，产生了从众行为。需要注意的是，从众并不意味着顺从，二者是有明显区别的。顺从是指尽管个体迫于压力改变了自己的观点和行为，但在内心中仍然坚持自己的想法和信念，即"口服心不服"。

从社会心理学的角度来看，个体之所以会产生从众心理，是因为受到了群体规范和群体信息的影响。首先，个体是存在于群体中的，因此，个体行为势必会受群体规范的约束。群体规范是群体中每个成员都必须遵守的行为规范，个体的行为只有符合群体规范才能被群体接纳。相反，如果违反了群体规范，势必会遭到群体的排斥和拒绝。当个体行为偏离了群体规范时，会因不想被群体排斥而产生恐惧感，于是便产生了从众心理和从众行为。其次，当个体对当前环境不熟悉、判断不明确的时候，会倾向于服从大多数人的意见，或者会将大多数人的意见作为正确的行为准则，从而产生从众心理和从众行为。

在职业学校德育中，学生会为了建立良好的人际关系、博取他人好感、不愿与大众不同等原因产生从众心理和从众行为，形成与大多数人相一致的道德品质和道德行为。首先，青少年时期是人渴望建立良好人际关系的重要时期，学生更加渴望友情、珍视友情，并希望能获得同辈与朋辈的认可和喜爱。因此，在学习和生活中，会为了迎合伙伴的喜好改变自己的观点和态度，用来建立和维持良好的人际关系。其次，在职业学校中，学生的自主性和个性得到进一步强化，会因为性格、爱好、兴趣等原因形成不同的小团体，共同学习和生活。小团体中的成员往往为了博取其他成员的认同和好感，在与他人产生意见分歧时，愿意改变自己的观点和意见，选择与他人一致的观点和意见。最后，学生会因为不愿意与别人不同，不愿"特立独行"而产生从众心理。从马斯洛的需要层次理论来看，人具备爱与归属的需求。学生在学校中参与各种社团和团体就是为了满足自身爱与归属的需求。因此，当自己的意见与团体意见偏离时，就会产生不想被团体排斥的恐惧感，出现从众心理和从众行为。

（三）暗示心理

暗示，是指在不产生冲突的条件下，通过间接的方法影响人的心理和行为，最终使人接受某种思想和意见，或者按照某种方式实施行为。暗示可以通过语言、行为及其他方式实现。例如，教师对答对问题或有进步的学生进行表扬和鼓励就是一种语言暗示；对违反规定的同学做出一定惩罚就是一种行为暗示。暗示对学生的思想和行为的影响非常大。著名心理学家谢里夫曾做过一个关于暗示的实验。他拿出两段文章请学生品评，并告诉学生，第一段文章是大作家狄更斯的作品，第二段文章是一个普通作家的作品，但事实上，这两段作品都是狄更斯的作品。学生受到了谢里夫的语言暗示，对这两段作品做出的评价相差巨大。绝大多数学生对第一段作品表现出高度的赞扬、崇敬和欣赏，对第二段作品做出了苛刻而又严厉的评价。同一个作者的作品，因为评价者受到了心理暗示，就产生了完全相反的评价。可见，暗示对人的思想和心理具有巨大影响。

暗示可以分为自我暗示和他人暗示。如果暗示的信息来自自己，即为自我暗示；暗示的信息如果来自他人，即为他人暗示。自我暗示的影响和作用相对更大。自我暗示既能产生积极的作用，也能产生消极的作用。自信心其实就是一种积极的自我暗示。当面对新的环境、人际关系和任务时，如果能够了解自身的能力与优势，并有勇气面对挑战和承担责任，就能顺利地适应新环境，与他人建立良好的人际关系，并能很好地完成任务。他人暗示又可分为直接暗示和间接暗示。在职业学校德育中，学生很容易在课堂上受到来自老师和同学的他人暗示，并在暗示的影响下产生相应的心理和行为。

缺乏主见、性格软弱的学生更容易受到暗示信息的影响，容易人云亦云、随波逐流。独立自主的学生反暗示能力相对较强，这类学生不会轻易顺从，喜欢独立自主，按照自己的意愿行动，特别是在意识到他人企图对自己施加暗示影响自己的思想和行为时，会排斥暗示信息，尽量不受暗示信息的影响。

二、心理环境能够促进学生道德品质的形成

心理环境的形成是一个复杂的心理转变过程，因此，心理环境一旦形成就会成为比较稳定的条件，对人的道德品质和行为习惯产生深刻的影响。心理环境不仅能影响人的心理行为和价值观念，也对人的道德品质、道德情操和道德行为产生巨大影响。心理环境对人道德品质的形成具有重大作用，正面的、积极的心理环境能够促进人良好道德品质的形成，主要表现为以下四个方面。

（一）熏陶感染作用

熏陶感染是人长期在一定心理环境中生活，自然而然地会受到环境内其他人的语言、情绪和行为的熏陶与影响，在不知不觉中改变了自己的道德品质和行为规范，形成与该心理环境相适应的道德品质和行为习惯。"近朱者赤，近墨者黑"说的就是熏陶感染这个道理。在职业学校德育中，学校道德环境以及教师和同学的个人品格和行为会形成一定的心理环境，对个体的道德品质和行为产生阶段影响。良好的道德品格和行为习惯会起到榜样模范作用，潜移默化地对周围学生产生积极的影响。此外，熏陶感染的作用还能在一定程度上降低消极心理定势对学生的影响。心理定势也可以成为定向，是人对某个活动产生的心理准备状态或者倾向。消极的心理定势会对学生产生阻碍作用，使学生拒绝接受德育，降低德育的成效。例如，道德品质低劣、行为举止不良的教师作为德育授课教师，学生会对教师产生厌恶和不信任的情绪，从而对德育这门课程产生抵触心理，最终造成德育失效。可见，心理环境的熏陶感染作用是潜移默化的，不容易被人察觉的，能在不知不觉间被人们认同和内化。特别对于正处于身心快速成长和发育的青少年学生而言，熏陶感染的作用更为明显和强烈。青少年时期的道德经验大多数来自心理环境的熏陶感染。当人在积极的心理环境中，通过心理环境的熏陶感染作

用，就能使人在愉悦、正向的氛围中实现思想观念的转变和心灵的净化。

（二）导向作用

在积极的心理环境影响下会形成一种不成文的行为准则，并对人的行为产生导向作用，人们在这种心理环境中会不自觉地被其影响，产生相应的行为。"随大流"就是这个道理。在职业学校德育中，良好的人际关系、健康的校园氛围等都是心理环境中的积极因素，能够对学生的思想和行为产生影响，逐渐形成良好的行为习惯。此外，社会群体的行为倾向也是构成心理环境的要素之一，而行为具备的可视性、直观性特征，使其更容易被学生理解和接受。

（三）无形的强制作用

在职业学校德育中，一旦形成了某种心理环境就会形成相应的心理氛围，在无形之中会形成一种压力，一旦学生的心理环境和行为习惯与心理氛围产生，就会产生一种与当前环境不适应、不协调的感觉，这种压力会迫使学生主动消除这种偏差。就像前面所说的，学生往往会为了建立良好的人际关系、博取他人认同感和好感迫使自己做出改变，放弃与群体不一致的思想和行为，以更好地适应当前所处的环境。倘若一个道德水平较低的学生加入了道德风气良好的团体后，会因为自身道德水平现状与所处环境的偏差产生孤独感和恐惧感，害怕被团体孤立和排斥，因而会主动促使自己道德水平的提高，消除自身与所处环境的偏差，逐渐形成符合所处环境的思想观念和行为习惯，即逐渐被团体同化，形成良好的道德素养。反过来，如果一个道德水平良好的学生进入了道德素质较低的团体时，也有可能同流合污，出现道德滑坡。这就是心理环境无形的强制作用。

（四）促进作用

积极的德育心理环境能够激发学生的道德潜能，促进道德的形成。积极的道德心理环境具有强大的凝聚力和吸引力，能够鼓舞学生自我提升、自我完善的士气，对学生的道德倾向产生积极的影响。

心理环境对职业学校德育具有重要意义和巨大作用，对学生道德品质的形成具有熏陶感染、导向和促进作用。要实现德育的实效性，就要尽力消除和克服心理环境中的不良因素，多管齐下打造积极的心理环境。

近年来，青少年学生的心理健康问题层出不穷，也越来越受到社会各界的广泛关注。心理健康教育与职业学校德育的适应性研究成了许多德育工作者的研究重点。许多德育工作者将关注的重点放在学生身上，了解学生真实的需求，使德育顺应学生的身心发展规律和特征，让德育更容易被学生认同和接受，让职业学校德育真正成为符合社会与学生需求、重视学生内在感受和个性化发展的教育。

新时期的学生都是出生于新世纪的青少年，在进入职业学校前大多在父母亲朋的关爱中成长。进入职业学校之后，瞬间远离了原来的生活，难免会产生不适应、不习惯的感觉，在生活和学习中可能产生各种不顺利的事情。并且，随着社会经济和时代的发展，学生的学业压力、就业压力、人际关系压力更大，对学生心理素质的考验更大。而传统的德育并不适应时代与社会的变化，在内容和形式上比较陈旧和单一，并且与心理健康教育的融合不足，不能弥补心理健康教育的缺失，无法满足学生的真实需求。

对于新时代的职业学校德育来说，心理健康教育具有很强的实用性，现实情况也要求二者有机结合。首先，应从教育理念上做出改变，从学生的需求出发，尊重学生的主体地位，实现德育生活化，达到潜移默化的教育效果。其次，要更新教学内容，加入心理健康教育的内容，并提高教学内容的时效性。再次，丰富和完善教学方法，强化心理健康咨询，以积极的教学手法为主，约束、规范为辅。在教学中合理渗透心理健康教育，充分利用现代教育工具和互联网的功用。最后，提高教职工队伍的综合素养，整合并优化教职资源，建立健全德育教职工培训机制和体系，提高教职工队伍的专业性和实践能力。

总而言之，通过不断实践我们能够明显看到心理健康教育对职业学校德育的适用性，我们也必须认真思考切实加强职业学校德育的有力措施和高效途径，促进学生全面而又自由的发展。

第四节　营造健康心理环境，提高职业学校思想政治教育的实效

社会心理环境、校园心理环境、课堂心理环境和家庭心理环境等因素共同构成了职业学校思想政治教育的心理环境。在德育中发挥着不容忽视的重要作用。要营造适合学生成才的心理环境，就要营造健康的社会心理环境、校园心理环

境、课堂心理环境、朋辈心理环境和家庭心理环境。

一、营造健康的社会心理环境

（一）坚持正确的社会导向

社会导向主要是指社会的舆论导向。社会导向对一个人品德的形成、发展影响很大，对职业学校思想政治教育的影响和制约更为直接和深刻。通常情况下，社会导向出自政府机构，它以社会经济为基础，是统治阶级意志的体现，对社会成员思想和行为的影响，具有权威性。职业学校思想政治教育受到社会政治经济方式的影响和制约，政府的方针政策是职业学校思想政治教育的主要内容之一，从根本上说，它与社会导向是一致的。同时，它又是社会舆论导向的具体方式之一，是社会舆论导向实施的手段之一。因此，职业学校思想政治教育就要重视社会舆论的导向作用，坚持正确的舆论导向。众所周知，社会舆论主要通过大众传播媒介在社会上传播和流传。随着社会的发展，大众传播媒介的载体越来越多，渠道越来越广，速度越来越快，已由过去的电视和报刊传播转变为以网络传播为主，其他传播方式为辅的多元化传播手段。心理发展尚未成熟的学生，由于辨别是非的能力还比较弱，正义感强，情绪控制能力较弱，这种心理特征就容易被人利用，通过虚假的社会信息的传播，腐蚀学生的心灵，破坏学生的道德品质。因此，职业学校就要利用大众传媒（包括学校的网站、宣传栏和校园广播站）引导学生认识各种理论观点，引导学生遵循社会主流意识形态，拒绝各种错误思想，净化心灵，为学生营造一个健康的社会心理环境。

（二）正确处理环境与教育的关系，在优化个体内部环境上下功夫

正确处理环境与教育的关系，首先要努力发掘社会环境中的积极因素，克服消极因素。社会环境对人的影响是不能低估的。但是，这并不是说人就是消极被动地接受社会环境的影响。相反，人的知识结构和精神要求，使他们通过自身的同化和顺应等机制，吸收社会环境中营养，摒弃社会环境中消极因素的影响，不断地提高和完善自身。要调适社会环境对职业学校学生的影响，就要从两个方面入手：一方面要正视现实、扬长避短，既要看到环境中的积极因素，引导学生去接纳它，又要看到环境中的消极因素，讲明弊端和危害，增强学生的抵制力，或者教会学生去改造它，同时，加强校园内部环境的建设，优化育人环境，以抵制

大环境中不良因素的影响。另一方面，要加强思想政治教育和心理健康教育，优化学生的内部环境，提高学校学生辨别是非的能力和增强学生承受挫折的能力，促进学生的发展和完善。

其次，注重打好思想基础，努力发挥人的主动性。个体在接受社会环境影响的同时，也可以反作用于社会环境。也就是说，虽然社会环境对人的影响是自发的、潜移默化的，但是这种作用的实现取决于个体是否接受其影响，因为人脑是加工厂，是否接受环境的影响，是要经过思考的。相同的社会环境的影响，会由于个体内在因素的不同而产生不同的结果。因此德育过程中，就要注重打好学生的思想基础，引导学生树立正确的世界观、人生观和价值观，培养学生形成良好的心理品质，在接受社会影响的时候能够更好地发挥学生的主动性，吸收好的因素，摒弃消极的因素。

二、营造健康的学校心理环境

学校心理环境是校园内部一切影响师生员工心理的环境因素，主要包括职业学校本身的历史传统、道德风气、学术气氛、管理方式、人际关系气氛、校园文化内容等。学校心理环境是学生学习和工作的动力来源之一，也是学生个性形成与发展的土壤，健康积极的校园心理环境有利于学生道德品质的形成，消极颓废的校园心理环境阻碍着学生道德品质的形成。因此，提高职业学校思想政治教育实效性，有必要营造健康的校园心理环境。

（一）建设积极向上的职业学校校园精神

校园精神是校园心理环境的精髓和最高层次，它包括学校的历史传统、精神信念，是学校本质和学校办学精神和面貌的集中反应。具体反映在校风、教风和学风等方面。

职业学校校风是在职业学校长期的办学过程中逐渐形成并表现出的相对稳定的学校的精神状态和作风是师生员工的道德品质、理想信念、教职员工的工作态度和学生的学风的集中反映。培养良好的校风首先应端正学校的办学思想，树立"全面提高素质、培养合格人才"的教育质量观和培养多层次、多类型、多规格的人才观，建立并严格执行校训，使其成为校风的标志。

职业学校教风是一种教师的教学风格，是教师道德风尚、知识水平、教育理论、教学技能等的综合表现。良好的教风包括：爱岗敬业、爱护学生、为人师表、治学严谨和传道授业。形成良好的教风，首先就要提高教师的专业素质水平，尤其是从事职业学校思想政治教育的教师更应该提高专业水平。教师的职责就是"传道授业解惑"，没有扎实的功底，就无法做到这一点，同样不能赢得学生的信任和认同，势必影响教学效果。要关心教师，照顾教师的生活之需。人只有在低层次的需要得到满足之后才能产生更高层次的需要，教师教书的社会职能就是教师实现自我的最高层次的需要。当教师基本的生理需要不能满足的时候，就会直接影响到教师社会职能的履行，从而降低教学质量，影响教学效果。

职业学校学风是职业学校学生在长期学习过程中形成的稳定的学习行为和学习习惯。包括学生刻苦钻研、勤奋好学的学习精神、学以致用的学习态度、举一反三的学习方法，也包括学生尊敬师长、遵纪守法的道德品质。学风是校园精神的主要体现，受校风和教风的制约，又反过来影响着校风和教风。培养优良的学风首先要注重学生的心理特征，制订适合学生学习的教学计划。内因是事物发展的根本因素，学生学习很大程度受到自身心理需要的影响，要真正调动学生学习的积极性和主动性，首先就需要了解学生的心理特征，从学生的内心需要出发，了解到学生需要的是什么、感兴趣的是什么，才能充分调动学生的主动性，达到教学的目的。其次，加强学生学习目的的教育，使学生树立远大的理想和坚定的信念。

（二）创建人文关怀的校园文化氛围

学校教育还有一项重要任务，是培养学生优秀的科学文化素质。校园文化对学生的智能发展富有引导作用、平衡作用和提高作用。校园文化对满足学生的求知心理、好奇心理，将起到课堂教学不可替代的补偿作用。

校园文化包括文化观展和文化活动两部分。文化观展包括学校的宣传栏、走廊和教室悬挂的名人名言、组织参观的名胜古迹、红色旅游、英雄模范事迹宣传等活动。这些文化环境会对学生起到榜样示范、熏陶感染的作用，使学生在不知不觉中受到英雄事迹和社会主流意识的感染和渗透，内化为学生自己的道德情操和品质。文化活动包括学校组织的各种演讲比赛、辩论赛、知识竞赛以及各类文体活动，在这些活动中可以锻炼学生的意志品质、开发学生的智力和增强学生的体质，推动学生的智力和非智力因素共同发展。

创建人文关怀的校园文化氛围，可以从两方面入手。一方面从学生的思想实际出发，宣传一些学生在生活和学习中容易遇到的困难和难题的解决方法，使学生能够正确认识挫折，通过自身努力解决问题，提高学生的自信心，增强学生的心理承受力；一方面从学生的心理需要出发，针对学生容易出现的心理障碍有计划地举办讲座，根据学生的需要开展有利于学生身心健康的文体活动，使学生在活动中得到锻炼，将对学生的关心落到实处，真正从思想上和心理上关心学生，提高职业学校思想政治教育的实效。

（三）逐渐完善心理咨询机制

鉴于职业学校学生出现心理障碍的比例越来越大和心理咨询在职业学校思想政治教育中的特殊作用，许多学校都引入了心理咨询机制。但是，仍然存在一些问题。主要表现在：第一，心理咨询人员只是由一些懂得心理学知识或者是心理学的爱好者，这部分人员缺乏专门的心理咨询知识和心理咨询技术的培训，在遇到一些较为复杂的个案时，就束手无策，无法解决学生的心理问题。第二，没有建立一个系统的心理咨询体制。部分职业学校只开通了书信的心理咨询方式，并没有安排专门的人员进行面对面的咨询；或者缺乏多渠道的心理咨询。因此，职业学校心理咨询有必要建立一个健全、系统的体制，多渠道、全方位地为学生提供心理咨询服务。

三、营造良好的课堂心理环境

（一）提高教师心理健康素质

教师是教学过程的领导者和组织者，不仅传授知识，同时也在创设课堂心理环境。教育心理学家认为，课堂心理环境主要由教师创设。教师心理健康，情绪稳定，精神饱满，不仅可以很好地驾驭自己的情绪，充分发挥自己的潜能，也可以为学生创设一个平静、愉快的课堂氛围。据有关资料表明，近年来，随着教学任务和科研任务的加重，以及对教师的要求日益提高，许多教师长期处于一种亚健康状态，表现为情绪低落、精神萎靡，这种负面情绪带到课堂上，传染学生，降低学生学习的效率。课堂心理环境的创设，首先依赖于教师的心理健康素质。也就是说，建设具有健康心理素质的教师队伍是营造良好课堂心理环境的前提。教师不仅要加强自己的理论修养，提高自身的科研能力，还要提高自我控制和调节情绪的能力，提高心理素质，不断完善自己的道德品质和人格。并以自身健康的心理素质去感染学生，和学生一同营造一个健康良好的课堂心理环境，从而提高职业学校思想政治教育的实效性。

（二）创设和谐的课堂气氛

班级人际关系实际是进行教学的重要背景，是和谐的课堂气氛的主要内容。在良好的人际关系中进行教学，师生之间、同学之间的关系所带来的愉快气氛可以促进学生的学习效率的提高。要创设和谐的课堂氛围，教师首先要加强与学生的沟通。教师要了解学生的心理发展规律，了解学生的思想，了解学生的生活，从生活上关心学生，与学生打成一片，融洽师生之间的关系。在与学生交流的过程中，要做到"一视同仁"，既要发扬优生的优点又要善于发现差生的"闪光点"，加强优差生之间的沟通交流，从而创设一个关系融洽、气氛和谐的课堂心理氛围。

（三）运用心理学知识，改善教学方法

目前，职业学校思想政治教育课主要采取的还是讲授法，传统的"填鸭式"的教学。这种教学模式，教师在授课过程中重灌输，轻引导，学生只是被动地接受，而不是主动地吸收，教学效果不理想。如果教师能改善教学方法，将心理学运用于平时的授课中，效果就会大大提高。改善教学方法的途径有很多种，首先要着眼于诱导，让学生变"苦学"为"乐学"。对大多数学生来说，学习是件苦事，如何使学生以苦为乐，变苦为乐，最好的办法就是让学生获得成功的体验。心理研究表明，任何人做任何事都是为了获得成功，一旦成功就会获得满足感，心情就愉快。学习过程中获得越多的成功体验，就会产生想要获得更多成功体验的需要，持续学习的动机就会增强。如何教师能从学生的实际出发，找到学生的最近发展优势，制订学生的学习计划，就会让学生不断地获得成功的体验，从而产生持续学习的动机。那么，"苦学"也会变成"乐学"了。其次，授课过程中，要注重指导，而不是灌输，让学生学会"学"。素质教育的一个重要方面，就是要让学生学会学，教师的责任就是指导学生学习，教会学生"学"，培养学生自己学习、发现问题、解决问题的能力。指导包括学法指导和认知策略的指导。学法指导就是使学生养成良好的学习习惯，摸索科学有效的学习方法。学习习惯的养成和学习方法的积累，无外乎四个来源：书本介绍、自我总结、同学启示、教师指导。这四条途径归根结底离不开教师的指导。教师指导得当，就可以变知识为能力，变"学会"为"会学"。再次，教学过程中多采用"激励"的方法。心理学研究表明，激

励更优于惩罚，更容易获得学生的认同，接受教师意见。惩罚往往会引起学生的负面情绪，对老师产生"憎恨"的感情色彩，转移到学习中，使学生产生厌学情绪，达不到教学目的。职业学校思想政治教育过程中，教师可更多地采用激励机制，激发学生学习的动机，达到教学目的。

四、营造健康的朋辈心理环境

朋辈包含了"朋友"和"同辈"的双重意思。"朋友"是指有过交往的并且值得信赖的人，而"同辈"是指同年龄者或年龄相当者，他们通常会有较为接近的价值观念、经验，共同的生活方式、生活理念，具有年龄相近、性别相同或者所关注的问题相同等特点。朋辈心理环境就是指在职业学校学生与朋友和同学的相互交往过程中，形成的心理氛围。据心理学研究表明，学生更愿意向朋辈倾诉和求助，也更容易在相互交往过程中互相影响，互相作用。在职业学校思想政治教育中，教师也可以利用这个环境，为学生创设一个健康积极的朋辈心理环境，培养学生形成良好的道德品质。

（一）建立和谐的人际关系

人际关系是在人们共同生活的基础上，通过不同形式的交往形成的一种心理关系或者情感关系。在人际交往中，同伴的评价，直接影响个体的心理和行为。和谐的人际关系，能使学生产生安全感，通过人际交往，可以满足学生寻求友谊的愿望，发展情感、增强社会交往能力，有利于形成比较稳定的心理状态，对学生的心理健康和学习都是有利的。对于学生来说，主要的人际关系就是师生关系和同学关系。

形成融洽的师生关系，在前文中已经讲过，这里不再赘述。形成和谐的同学关系，首先就要多开展活动，给学生提供人际交往的平台。在共同特定的环境中，由于面临同样的处境，达到共同的目标，更容易使人产生"同病相怜"的情绪，惺惺相惜结成友谊，建立和谐的人际关系。其次，开设专门针对人际交往的讲座，为学生的人际交往提供借鉴。据有关心理学研究表明，学生出现心理障碍的主要原因之一就是人际关系紧张。职业学校可以在这方面入手，针对学生人际交往的问题，有计划地举办讲座，请教师进行辅导，制作以人际交往为主题的宣传栏和展板，解决学生心中的疑问，为学生提供指导。

(二) 开展朋辈心理咨询

朋辈心理咨询是指年龄相当者对周围需要帮助的同学和朋友给予心理开导、安慰和支持，提供一种具有心理咨询功能的帮助，它可以理解为非专业心理工作者作为帮助者在从事一种类似于心理咨询的帮助活动。开展朋辈心理咨询符合学生的心理需求。学生喜欢向同龄人打开心扉、相互交流、倾诉苦恼。专注的倾听，合理的劝导，理智的分析，真诚的安慰，在很多时候有助于身陷困境的学生恢复自己的思考和判断能力，脱离负面情绪，重拾信心，做出应对。同时，在这个过程中，也可以升华学生的友谊，改善自我调节能力，促进了"助人—自助"的良性循环。另外，也解决了职业学校缺乏从事心理咨询的人员的困难。

(三) 创设团结和睦、积极向上的宿舍心理环境

宿舍是学生生活和学习的主要场所。人员集中，许多思想和生活中的矛盾很容易暴露出来。一方面要学校要建立宿舍的舆论阵地，加强宿舍的宣传舆论工作。学校可在寝室附近建立读报栏、板报、壁报专栏等。使学生能够了解社会信息和国家大事。同时，还可以通过板报、壁报宣传学校的好人好事，对学生进行正面引导。这些宣传同时进行，可以形成一股强大的舆论力量，推动宿舍心理环境的形成。另一方面学校要组织学生自己管理自己。这样，不仅调动学生的积极性，发挥学生的自觉性，而且有利于培养学生的管理能力，以及养成良好的行为习惯。学校的各种规范只有为学生多数人所实践，成为多数人行为方式时，才具有心理环境的意义。学生自己管自己，把学生看作学校管理的主体，无论是宿舍环境管理、卫生管理、纪录管理、设备管理，还是思想教育都由学生自己进行，对于学生养成以校为家等品质具有重要作用。

五、营造健康的家庭心理环境

家庭在青少年的成长中发挥着基础性作用。父母是孩子的启蒙老师，父母的言行受到子女的模仿，对青少年道德品质的形成发挥着不容忽视的作用。具有健康的家庭心理环境，可以缓解青少年的心理压力，提高青少年的心理素质，增进心理健康，提高道德品质，是进行心理健康教育和思想政治教育的有机组成部分和有效途径。具有消极心理环境的家庭，就会增加青少年的心理压

力，降低青少年的心理素质和道德品质，据有关研究表明，很多不良少年的形成原因都与消极、紧张的家庭心理环境有关。因此，营造健康的家庭心理环境是职业学校思想政治教育的重要环节。营造健康的家庭心理环境，就要从以下几个方面入手。

（一）提高家长的思想道德修养

俗话说："打铁先得自身硬。"家长提高了自身的思想道德修养，才能起到榜样示范作用，家长的教育子女才会接受。古人云："其身正，则令行；莫身不正，则令不行。"说的就是这个道理。因此，家长只有通过自身的不断努力，提高自身的文化修养和思想道德修养，才能赋予家庭生活更加丰富的内涵，为子女提供高质量的精神生活条件。从而使子女在潜移默化中汲取精神营养、陶冶情操、培养道德品质、增强性格，形成高尚的道德品质和健康的心理素质。

（二）更新家长观念，树立民主、平等意识

心理学研究表明：人在孩童时就已经开始形成独立的个体意识。因此，尊重子女的独立人格，注重培养和发展子女的兴趣、爱好，允许其平等参与包括重大决策在内的各项家庭活动，鼓励子女自己动脑、自己解决自己的问题，这对孩子的成长是大有裨益的。然而，目前我国大多数家庭都是独生子女，子女就成了家里的"小皇帝""小公主"，衣来伸手、饭来张口，缺乏独立自主的能力，依赖思想严重，遇到挫折就无法承受，导致产生严重的心理障碍。鉴于此，家长要改变传统的"家长制"观念和保护过度的"溺爱"思想，以父母和朋友的双重身份去关心、理解、支持子女，对他们的期望也应与子女的实际联系，充分尊重子女的独立意识，相信子女的能力和发展子女的兴趣，努力形成一种民主、和谐的家庭关系。

（三）遵循教育规律，科学育人

从心理学的角度来讲，教学过程就是在青少年的心理发展水平上适应其心理需求，采用正确的教育策略、促进其心理健康发展的过程。这就要求家长努力学习教育心理学知识，掌握一些适合子女心理发展规律的教育方法，走出教育"误区"，学会真正地爱子女。具体地说：一是要坚持德才相长原则，将成人与成才密切结合起来，不能只重视成才而忽视成人，只重智育轻视德育。我国历来就是

一个注重"德"的国家，古代教育更是将"德育"放在智育之上，讲求德为先的教育原则；二是要不忽视规则，从小培养子女的独立生活能力，踏实、认真、细致的办事习惯和坚强的性格和勇气；三要善于与子女沟通和交流，及时了解子女的心理变化及思想动态，并给予正确的引导和帮助。

第四章

职业学校积极德育模式的培养核心

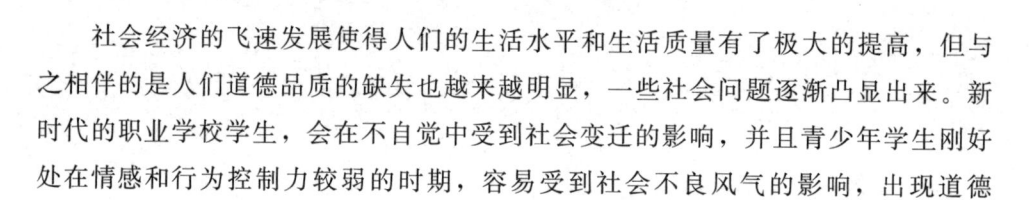

社会经济的飞速发展使得人们的生活水平和生活质量有了极大的提高,但与之相伴的是人们道德品质的缺失也越来越明显,一些社会问题逐渐凸显出来。新时代的职业学校学生,会在不自觉中受到社会变迁的影响,并且青少年学生刚好处在情感和行为控制力较弱的时期,容易受到社会不良风气的影响,出现道德问题。

积极德育模式就是针对职业学校学生品德缺失的问题提出的,它既能促进学生以积极的思想观念和言行举止面对社会,还能培养学生人际交往能力、团结协作能力、抗压能力、受挫能力、就业能力、创新能力等多种能力,最终成为拥有健全人格的、综合素质高的职业技能人才。

第一节 职业学校积极德育模式中积极品质的概述

积极心理学是积极德育的理论基础,它不同于传统心理学,以人们积极的心理品质为研究对象,从多个方面、多种角度探讨促进人们积极心理品质形成的因素。塞利格曼认为,积极的个人体验是由人的主观幸福感、乐观的态度自觉构成的。此后,塞利格曼提出了积极品质一词,认为其核心是美德与力量。塞利格曼认为,积极品质具有缓冲作用,能成为保护人们心理健康的屏障,是对抗心理疾病的武器。从某种意义上来看,塞利格曼把美德与力量和积极品质放在了同等的位置上,受此影响,积极心理学兴起后,许多心理学家将对美德和力量的考察作为了研究重点。

2000年,心理学家彼得森与克里斯托夫等人带领一众积极心理学研究者,通过阅读和研究大量名人著作归纳总结出了200种人应具备的美德,在此基础上做进一步归纳与总结,得出了众人都认同的、具有普遍性的6种美德,分别是智慧、勇气、爱与人性、正义、节制、超越。

后来的积极心理学的研究都是在上述基础上形成的,并将上述6种美德列为积极心理品质的6个核心。但是,研究者们并没有为这6种美德提出明确的概念,因此,这些比较抽象的概念在测量方面就存在诸多困难。于是,心理学家调整了研究方向,将培养这些美德的途径作为新的研究对象。例如,通过爱与被爱的体验能形成仁爱;通过自律、谨慎等可以达到节制。而爱与被爱、自律、谨慎等就是形成某种美德必需的"力量",即积极品质形成的途径。

一、积极品质包含的具体内容

结合前面提到的6种美德和职业学校德育要求,推导出德育中积极品质的内容,分别是专业技能、勇气、恻隐之心、意志、格局。

(一)扎实的专业技能

扎实的专业知识和专业技能是学生踏足社会安身立命之本,也与"智慧"的积极品质相契合。但需要明确的是,职业学校应该明确学生的职能范围和社会责任,如此才能在通过德育帮助学生获得这种美德。

扎实的专业技能包括以下三点。第一,通过在学校的学习,掌握专业知识和技能,并取得相应的职业资格证书或通过职业资格认定。第二,能分清专业技能和职业技能的差别。专业技能是学生在职业学校中通过学习获得基础的职业能力;职业能力是学生在职业岗位上获得的岗位能力。分清了专业能力和职业能力的区别,就能明确职业学校人才培养的边界。第三,专业技能的培养是对学生智力和动手能力的培养和训练,所以,职业教育要侧重激发学生的参与兴趣,增强学生在教学中的参与感,逐步养成学生学习自觉、自主学习的意识和系统。其实,专业技能作为积极品质的核心内容之一,实际是长时间以来备受职业学校重视之处。这也说明,要真正理解积极品质的内容,就要借助外显的条件来评价学生的智力水平和能力水平。

(二)勇气

勇气,主要指面向未来的勇气。面向未来的勇气也包括向未来职业发展的勇气和面向未来生活的勇气。其实,职业发展和生活是相辅相成的。很明显,面对未来的勇气对应的是美德中"勇气"的品质,也与职业学校学生的实际相符。我国大多数职业学校实行的是封闭式管理模式,一方面通过加强他律促进学生养成自律的习惯,另一方面也能保证学校日常工作的有序开展。但是封闭管理模式存在一个不可忽视的问题,就是封闭的学习和生活环境让学生不能对自己未来的生活产生思考,对未来可能遇到的问题进行预设。并且,青少年学生心理发展仍不成熟,认知能力不够强,缺乏面对未来的勇气。而未来的挑战并不会因此减少,反而会因为学生心智发展不健全变得更加"困难"。勇气的缺失使得大部分人缺乏自我完善、自我提升的意识，会被残酷的现实重击，影响未来职业发展和生活发展。

（三）恻隐之心

"恻隐之心"与美德中的"爱与人性""正义"相联系，这也是我国职业教育在育人中的短板。众所周知，在职业学校的日常教育中，向学生所灌输的则是以竞争为核心的职业思想。这在教育层面，可能使学生在未来的职业中具有较强的"攻击性"，这种特性的形成将阻碍他们参与到团队作业中的分工协作。同时，在我国的传统文化中也蕴含着"爱与人性""正义"的元素。特别在描述君子的作为时，"恻隐之心"则是其中的重要表现。在对学生进行积极品质培养时，"恻隐之心"主要反映在：敬畏之心、协助之心。对于敬畏之心而言，当学生步入社会必然会面临许多新鲜事物，特别在职场中需要不断地学习与锻炼。为此，心存敬畏之心便能使他们做事谨慎，更能够沉下心来向自己的师傅学习岗位技能，虚心向同事讨教岗位知识。从而，这不仅能为他们创造出"干中学"的良好条件，也能为他们营造出良性的职场环境。"协助之心"则具体反映在分工协作领域，而这是确保工作任务得以顺利完成的重要保障之一。

（四）拥有笃行的意志

在许多职业学校的校训中，都将"笃行"作为组成要素之一。而在这里，"笃行"则与美德中的"节制"相对应。之所以将二者相对应，在于"节制"在积极品德中可以泛泛理解为"自律"和"原则"，而在职业品质中则需要具体为"笃行"，即在他人不做提醒的情况下，学生能够自觉完成相关的事项，如学习、岗位意识。观察"00后"学生进入职业学校的学生，能够明显感觉到这代学生更加自我和独立，当然这种独立往往是一种"任性"。因此，在职业教育中将"笃行"的理念和行为传递给学生，使他们在学习生活中潜移默化地获得这种能力，不仅能使他们更为容易地建立起自组织学习系统，而且还能在获得其中收益的同时，激励自身在职业发展和生活中拥有一种向上的力量。那么何为"向上的力量"呢？首先，这种力量能够让学生反思自己的不足，在不放弃自己的同时解决自身的能力短板。其次，便是自主、自觉、专注地完成职业能力养成训练。由此可见，"笃行"在积极品质的内容中应占据重要地位。

（五）提升自身的格局

提升自身的格局与"灵性与超越"的美德相联系，而这也是当前职业教育中所缺失的部分。那么具体到本章的内容，"提升自身格局"则可以理解为：①使自己的职业能力在一定时间内有所提升；②使自己的职业意识在一定时间内有所提高。然而我们认为，提升自身的格局应重点放在提升学生的思想格局上。这里需要承认这样的现实，随着我国职业教育的普及，中职层次的生源大多来自农村地区。从而，这就客观决定了学生进校之前的思想格局。因此，为了帮助学生树立职业自信，并使他们懂得建立终身学习能力的重要性，则需要职教工作者花费大量的精力，且教育方式也应比教育城市生源更为多样。毫无疑问，随着学生职业格局的提升，必将激励自身不断去学习岗位知识，以及不断地洞察行业的发展趋势和以外的世界。

当然，以上的内容若要在职业教育中得到体现，则需要在问题导向下来逐一调整当前的职教品质教育。

二、品质培养是职业教育的重要组成部分

（一）当前职业教育所面临的时代背景

我国正处于产业转型时期，无论是产业机构调整还是产业转型升级，发展方向都是朝着信息化、智能化和协同化发展。有的专家甚至提出了人工智能将会代替大部分人工的观点。当然，这种观点现在看来或许有些片面，但也为现代职业教育提出了一个问题，即职业教育如何在社会和时代背景下持续发展。当前时代背景具有两个显著特点，分别是国际产业竞争日益实心化和国内产业发展日益质量化。

1. 国际产业竞争日益实心化

国际产业发展在 20 世纪 50 年代开始呈现出梯度转移的特征。马歇尔计划为欧洲经济恢复提供了大量资本，使其在未来 20 年都处于经济高速发展时期。直到 2008 年世界金融危机爆发，欧美等国陆续调整产业策略，做出了"产业回归"的决策。特别是近年来，美国实体产业实施收缩性调整，我国势必会与欧美发达国家一样面临产业竞争实心化的时代背景。

2. 国内产业发展日益质量化

随着我国经济增长方式向可持续化、绿色化、生态化发展，以及对顶层设计做出了供给侧结构性改革，摆脱落后的过剩产能和进一步优化产业结构是未来我国实体经济发展的重点。从我国目前产业发展状况来看，已经从过去的侧重总量的提升向重视质量提高的新阶段发展。

（二）当前职业教育所面临的现实挑战

职业教育所面临的时代背景现实存在于职教工作者的面前，但从微观领域来审视当前的职业教育，仍存在着诸多挑战。

1. "我向思维"依然严重

"我向思维"是指在职业教育改革过程中，将教师作为推动改革的主体，以教师的主观为指导，使职业教育创新成果形式化、僵硬化的做法。从"我向思维"的解释中我们可以发现，该思想观念最大的问题就在于没有将学生的真实需求纳入其中。例如，随着行业竞争、岗位竞争越来越激烈，学生对毕业、择业和就业产生较大心理压力，渴望能在学习期间尽可能提升自己的核心竞争力。但在职业教育改革中，"我向思维"一直被强化，使得职业教育改革偏离了以学生为本的原则。

2. 岗位技能导向仍然突出

各职业学校在进行校与校的交流时，通常将目光放在人才教育模式和各自的"硬件"建设上，这其实反映了职业教育一直以来将岗位技能教育作为职业教育核心的育人思路。这个思路不能说是完全错误的，但确实存在偏颇。从工业心理学的观点来看，如果教育忽视了对学生非智力因素的培养，势必会阻碍智力因素的有效发挥。

3. 功利主义思想依旧明显

大多数职业学校的招生宣传仍然将就业率、就业去向等作为宣传重点，尽管这确实是一个吸引生源的好方法，但从国家终身学习的目标和教育机制构建的要求来看，这种宣传策略和"宣传热点"的有功利主义思想色彩略显浓重。

（三）品质培养对迎合时代背景和迎接挑战的意义

1. 对"品质"内涵的解读

本书所说的品质是职业学校学生需具备的职业品质。单从"品质"一词来说，是指人的素质的高低，如健康、情商、智商等方面的状况，以及具备的知识和道德素养等。而职业品质强调的是劳动主体的健康、情商、智商等方面的状况，以及具备主动提高岗位能力和自我能力调整的意识。岗位能力结构的多元性特征决定了不同岗位的职业品质的差异性。所以，职业品质具有概念一般与具体的统一性。

2. 品质培养的现实意义

一方面，品质培养顺应时代背景和时代发展的现实意义。从国际产业竞争和国内产业两方面来看，都需要具备扎实专业知识和技能的劳动者为支撑。在此时代背景下，我国职业技术人才既要拥有扎实的专业知识和技能，又要具备分工协作的能力和终身学习的精神。另一方面，迎接时代挑战的现实意义。这些挑战既包含时代发展对人才需求的变化，也包含职业学校目前存在的一些问题，如无法适应岗位能力要求、离职率高等。因此，各职业学校在教育改革中应更加重视对学生职业品质的培养，提高学生就业心理素质，使他们能用客观、理性的态度看待就业，并能主动建立自学系统。

（四）现实表明品质教育是职业教育的重要组成部分

无论是从职业教育路径存在的问题还是从职业教育改革的要求来看，重视并发展品质教育都是职业教育应该贯彻落实的。

1. 品质教育关注了学生的心理感受

就像前面说的，职业教育在"我向思维"的影响下推进的教育改革和课程创新，只会越来越关注学生专业知识和技能的教育，忽视了对学生情感需求和职业心理健康的教育。并且，因为学生的情感需求和心理健康都是内隐性的，很难从外表上观察得到。随着品质教育得到更多的重视，并提出在职业教育中开展品质教育议题的提出，这为职业教育重视学生心理健康和发展提供了行动纲领。如此，职业教育势必能从整体上提高职业人才的整体素质。

2. 品质教育赋予了学生职业源动力

从企业人力资源管理的层面来看，劳动者的劳动能力是蕴藏在健康的身体之中的，具体地可分为智力和体力两个大类。劳动者的劳动能力水平和劳动品质主要取决于劳动者的劳动参与感，而劳动参与感最终源自劳动者的主观意识，即职业品质中。这恰好解释了"品质教育赋予了学生职业源动力"。从实际来看，职业学校学生的职业发展存在明显的两极分化，其重要原因在于学生积极品质的差异。

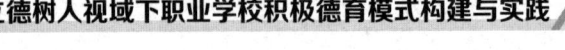

（五）新时期需要重视建构学生的积极品质

积极品质的概念是在 1999 年由积极心理学家希尔森和马德共同提出的。新时代环境下对职业人才的需求更高，需要职业学校构建学生的积极品质。①积极品质是职业品质的核心构建。需要强调的是，职业教育需要与当前的市场经济体制完善相联系，也需要与国家的人才发展战略相协同。在大众创业、万众创新的战略意志推动下，职业教育被赋予了更多的人才培养功能。因此，在关注学生基本的职业情操、岗位操守的同时，更应审时度势地提升他们面向未来职业发展的综合品质构建。②积极品质突破了传统职业教育对学生品质的理解。"积极品质"这一概念来源于国外，作为舶来品势必需要与本土的职业教育环境相融合。我们认为，首先需要与职业教育工作者的职教思想相融合，即应帮助教育工作者突破自身对学生品质理解的局限性。

三、职业学校学生思想品质现状分析

围绕上文积极品质内容的表述，这里对相应的职业学校思想品质现状做如下分析。

（一）专业技能习得现状

我们认为，职业学校学生专业技能的习得情况属于内隐性信息，所以单纯依靠各种类型的测试难以对这一情况做出全面的把握。但从现象层面出发，则可以在"专业技能学习意识"和"专业技能学习心理"这两个方面进行分析。

1. 关于专业技能学习意识的现状分析

学生的专业技能学习意识属于内隐性信息，但我们可以从他们的学习态度中进行现象把握。从我国职业教育的大环境出发，这里需要区分学生家长的期望和学生自身的认知两个问题。事实上，处于 16 周岁左右的中职学生群体，他们对于专业技能学习意义的认识是缺少主体性的，其认知一方面来自家长的经验之谈，另一方面则来自学校的专业思想教育。可见，学生普遍缺乏一种主动的学习意识。

2. 关于专业技能学习心理的现状分析

与专业技能学习意识不同，专业技能学习心理则支撑着学生在学习中的可持续性。从我们的调研中可知，当中职学生步入职业学校之时，他们对本专业的兴趣感一般只能持续一学期。随着专业课程学习的深入，推动他们进行专业学习的动力便不是兴趣，而是一种专注的心理特质。考察现状不难发现，多数学生在严格的学习纪律下能够遵循本校的教学管理安排，但其中又有多少学生是出于自愿、自觉完成学习任务的。

（二）自我勇气形成现状

事实上，有关就业、创业的教育早已在职业学校开设，而且其开设的力度并不亚于职业学校。但是否能够认为，通过开设这些讲座和课程就能促使学生形成勇于面对未来的勇气呢？对此，我们认为是否定的。理由便是，基于职业学校学生的心智发育和认知能力水平，他们几乎较少去思考未来，即使涉及这方面的主题，其也充斥了青少年稚嫩的幻想。从而，那种能够面对真实未来的勇气，在学生群体中是难以形成的。当前，与"勇气"相关的现状可归纳如下。

1. **由主观臆想而导致的盲动较为普遍**

"社会存在决定着社会意识"，在职业学校学生缺乏基本的社会实践经历的情形下，他们对于未来的开发便充斥着大量的主观臆想。这种主观臆想与他们所处的心智发育水平相结合，便可能使他们非理性放大自身的效能。在此基础上所导致的结果便是，他们因对未来的"无知"而变得"无畏"，进而普遍存在着盲动的行为偏好。

2. **由实践而导致的挫折感已逐渐显现**

随着职业学校学生步入高年级，顶岗实习便成为走向职场的准备环节。无论是现代制造业还是高端服务业，都追求团队合作模式。此时，当中职学生初入团队而未能很好地与其他成员建立良性互动时，或者在分工协作下未能按照预期完成所交代的工作任务时，挫折感便在他们的心中油然而生。

（三）社会公民意识现状

上文所提到的"恻隐之心"，在这里可以更为具体化为"社会公民意识"。"社会公民意识"又可以细分为企业公民意识和狭义的社会公民意识。这里主要聚焦"企业公民意识"的养成现状。所谓"企业公民意识"，即在企业这一社会环境下能在履行自身岗位职责的同时，关注企业的发展，并将企业的发展与自身的发展联系起来，在实践中还能主动协助同事的工作。现状可概括为如下几点。

1. 学生的责任意识欠缺

"责任意识"构成了"公民意识"的重要组成部分，如在职场中的岗位产品质量责任意识、安全生产责任意识等。尽管这些责任意识将在实际工作中逐步形成，但作为基础性的责任认知能力则是学生需要具备的。然而，现阶段不少中职学生缺少这种责任认知能力，其主要反映在个体意识与集体意识之间。

2. 学生的互助意识淡薄

"互助意识"的形成，直接关系到他们能否顺利融入团队作业模式之中，也关系到他们能否为自身营造出良好的人际环境。但现实表明，当前中职学生的互助意识淡薄，这不仅归因于千禧一代的普遍特质，也归因于"互联网＋"时代对学生现实人际交往能力的弱化。对于后者而言，可以从他们的侵蚀文化中得到体现。随着智能手机逐步在学生群体中普及，学生个体更为偏好于在虚拟社会环境中来表达诉求中的人际交往。

（四）个体行为自律现状

"行为自律"可以被理解为"笃行"，而这是积极品质的较高层次。根据马斯洛的"需求层次理论"可知，位于最高需求层次的是"价值实现的需要"，对此具有诉求的个体往往能遵循笃行的要求。显而易见，对于职业学校的学生而言这是不可触及的需求层次。从中也可以反馈出这样的信息，即中职学生在学习生活中的行为自律程度较差。该现状具体表现在如下几点。

1. 行为自律的主观能动性缺失

事实上，行为自律是一个自我强化的过程，而实现自我强化的效果则需要学生个体主观能动性的驱动。当前职业学校的学生管理工作普遍严格，这种基于正式制度管理下的学生行为自律并不是积极品质养成的途径，因为校园制度属于外生变量，并无法保证学生在未来的工作中也遵循这一制度。因此，正是因为学生缺乏主观能动性，而使得职业学校学生管理的工作压力较大。

2. 行为自律的可持续程度较低

我们也看到，在学校思政工作推动下，许多学生也有意识去强化自身的行为自律，但在职业学校的校园生态下，以及在他们的成长阶段中，确保一种可持续的行为自律则是困难的。

（五）职业眼界提升现状

在本书中，学生格局的提升主要指职业眼界的提升。拥有不同水平职业眼界的学生在对未来择业和职业发展规划方面都有着比较大的差异。正是因为学生之间存在这种差异才会在毕业后择业、就业方面存在很大不同。所以，职业学校要重视培养学生的职业规划意识，要从整体上提升学生的职业眼界。学生学习和生活地域的不同，职业眼界的发展也有所不同。

1. 内陆地区学生的职业眼界

职业学校地理环境和区位条件对教育资源和生源质量都有所影响，内陆地区的职业学校受此影响，学生普遍职业眼界较不宽广，行业发展、行业现状、择业等信息基本来自教师的讲述，少部分来自往届学生的经验，与往届毕业生的就业领域基本重合。

2. 沿海地区学生的职业眼界

相比于内陆地区职业学校来说，沿海地区地理环境便利，资源相对优越，学生的职业眼界具有一定宽度和广度，特别是家庭位于沿海地区的学生更是如此。并且，沿海地区学校更容易和大型企业建立合作，能更好地开展校企合作和顶岗实习活动，能更进一步提升学生的职业眼界。

四、职业学校学生应具有的积极品质

对于职业学校学生应具备哪些积极品质的问题目前仍然没有统一的说法，还处于研究和探索阶段。并且，积极品质的概念来自西方的积极心理学，所以积极品质在内涵和内容方面多多少少都会受到西方社会文化传统和宗教信仰的影响。所以，积极品质引入我国并应用于职业教育中，必须进行本土化"改造"，根据我国实际情况和对教育目标对积极品质的内涵和内容做适当调整。具体地，在我国职业教育环境下，职业学校学生应具备的积极品质可以总结为下述三点。

（一）在专业技能学习中形成意识自觉

自觉意识是哲学范畴的概念，其重点在于自觉。换言之，职业学校学生能在学习专业技能的过程中，结合自己的实际情况和真实需求，充分发挥主观能动性，自主地完成学习任务。

1. 自觉完成既定学习任务

所谓既定学习任务是指职业学校结合人才培养规划制订的专业课程学习任务，通常分为理论学习和实训实践两部分。在理论学习中，学生能够自觉完成课前预习和课后巩固练习，并能在思维中构建知识网络，实现知识间的融会贯通。

在实训实践过程中，学生能够主动参与其中，专注于实训实践的过程，并能调动理论知识应用于实训实践，同时形成良好的职业道德和实践精神。

2. 自觉完成拓展学习任务

拓展学习是学生学习的个体性要件，是学生结合自身需求、专业兴趣以及未来职业发展预期等实施的自主选择。例如，电子商务专业的学生对物流十分感兴趣，并且物流与电子商务的关系十分密切，于是便利用业余时间学习物流相关知识，进行自主学习。随着移动信息终端的飞速发展，学生能够借助更加便利的移动终端搜集更多的学习资源，开展线上自学。

（二）在面对各种挫折时展现的自我激励

1. 面对课业竞争所具备的自我激励

学生现阶段的最主要任务仍然是知识和技能的学习，这其中既包括学校既定学习任务，也包括自我拓展学习任务。在完成这些学习任务的过程中，通常都需要课业竞争模式进行辅助，以激发学生的自我激励。课业竞争在学校既定学习任务中主要表现为学校实施的课业测试，如期末考试、教师作业等；在自我拓展学习任务中主要表现为小论文、小发明、小创造等。通过课业竞争来激发学生对相应学习领域产生自我激励。

2. 面对各种困难所具备的自我激励

这里所说的困难具有不确定性，既包括学习中遇到的困难，也包括在实习中、在社会交往中遇到的困难。当然，无论困难产生于校内还是校外，在学生缺少帮助和鼓励的时候，都可以通过自我激励克服内心的恐惧和失落之感。

（三）在集体学习生活中具备互助之心

从本节的论述就可以看出一些积极品质的发展逻辑，即从恻隐之心发展为社会公民意识，再由社会公民意识聚焦企业公民意识。可见，学生企业公民意识的培养需要在学校集体学习和生活的环境中进行培养，不断提高学生的互助之心和友爱之心。下面对互助之心做简单概括。

1. 同情之心

在心理学中有一个重要的概念叫作"共情"，即感同身受。其实，无论是共情还是感同身受都共同指向了另一个范畴——同情心。同情心在学生情感发育的过程中不断成熟，并形成于学生与他人之间的情感互动中。所以，在学校集体学习和生活的环境下，通过创建相应情景促进学生情感交互的方式，培养学生的同情心。

2. 关爱之心

关爱之心是比同情之心更加高级的道德品质。相比于同情之心，关爱之心是一种主动的、自觉的心理反应。关爱之心的培养，需要在德育中构建传授教学模式，让学生在德育体验中产生心灵共鸣。

第二节 职业学校积极德育模式中积极品质的养成途径

一、积极德育班会课

在本章的第一节介绍了克里斯托夫等人提出的 6 种美德，但是因为这些概念比较抽象难以准确测量，所以一些心理学家在这 6 种美德的基础上提出了与其相对应的 24 种促进美德发展的"力量"，即 24 种积极品质，也可以说是促进美德形成的 24 个途径。清华大学积极心理学研究中心引入了积极品质的概念，并建立了一整套适合我国教育实际的积极德育课程体系。

(一)积极德育的六大模块

清华大学积极心理学研究中心将积极德育划分为六大模块，其内容可以概括为"6+2"体系，即 6 个教育模块，1 套身心调节方法和 1 套品格优势养成系统。

六大模块是指能对人的幸福感产生重大影响的自我因素和社会因素的理论与学习方法，即提升自我幸福感和成就感的方法，分别是积极自我、积极情绪、积极投入、积极关系、积极意义、积极成就(图 4-1)。

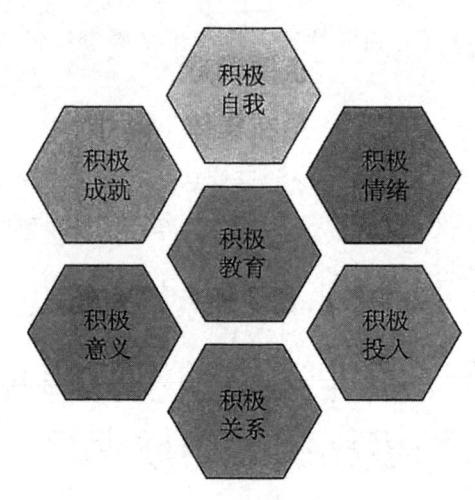

图 4-1 积极教育六大模块

积极自我——建立积极而稳定的内心力量。无论是教师还是学生，都要善于发现自身具备的优势和天赋，并能充分发挥自身优势创造价值，从而提升自己的自信心，最终形成持久而又稳定的积极心理力量。

积极情绪——学会情绪的自我调节。自我调节情绪的前提是了解情绪的基本规律，掌握激发和提升积极情绪的途径，以及降低负面情绪的方法。

积极投入——体验过程的快乐，提高专注力。专注力是人学习和工作的内在动力，提高对事物的专注力能够增强积极体验。专注力是可以通过后天培养提高的。人在做每一件事的时候都能专注其中，就能享受到过程的快乐，并能充分发挥自身优势，最终获得技能的提升和内心的满足与愉悦。

积极关系——培养爱与被爱的能力。培养爱与被爱的能力的前提是提高人际交往能力，了解人际关系中自我与他人、与情景的相互关系，掌握一定的沟通技巧，能用积极的、稳定的、友善的态度处理各种人际关系。在和谐的人际关系中才能迸发出爱与关怀，享受到爱与被爱。

积极意义——追求幸福而有价值的人生。要树立正确的人生观和价值观，树立远大的理想和高尚的人生追求，并能持久地实现目标的内在动力。理解生命与人生的真正意义与价值，明白个人的自我价值和对社会、对他人的价值，最终实现个人价值的"超越"，在更大范围内获得生命价值感。

积极成就——幸福教育与传统教育的结合。国际积极教育联盟（IPEN）对积极教育的定义是幸福教育结合传统教育。

(二)积极德育班会课

1. 品格优势养成系统

培养六大美德的 24 种积极品质,具体分类如下(图 4-2)。

第一类:智慧:①创造力;②好奇心;③好学;④思维开放性;⑤洞察力。

第二类:勇气:⑥正直;⑦勇敢;⑧坚韧;⑨活力。

第三类:人道:⑩爱;⑪善良;⑫社会智能。

第四类:公正:⑬公平;⑭公民精神;⑮领导力。

第五类:节制:⑯宽恕;⑰谦虚;⑱谨慎;⑲自我控制。

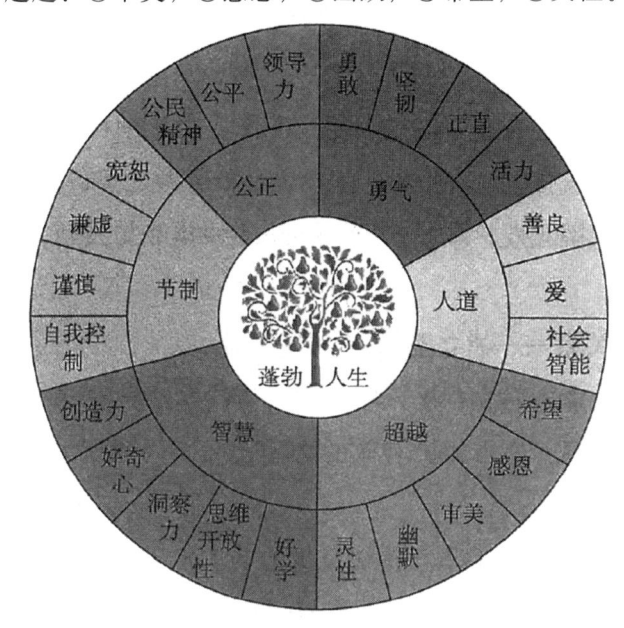

第六类:超越:⑳审美;㉑感恩;㉒幽默;㉓希望;㉔灵性。

图 4-2 美德与积极品质

2. 身心调节方法

身心调节方法应该纳入心理健康课程之中,帮助学生掌握一套科学的、行之有效的调节和改善心理健康的方法,从而实现对情绪的自我调控,消解不良情绪和心理困扰。身心调节方法包括深呼吸放松法、冥想法、睡眠法、体育运动法等。

3. 全新的积极德育班会课

大多数班会课的内容以班级事务为主,重点解决班级或学生的问题,没有重视对学生优良道德品质的培养，主要原因是班会课缺乏科学理论的指导。清华大学积极心理学研究中心结合国内教育情况对班会课的模式进行了调整，有条件的学校可以引入清华大学积极教育教材，将班会课课程化、系统化。

清华大学积极教育教材针对不同阶段的学生，设立了不同的主题(表 4-1)。

表 4-1 清华大学积极教育班会课模式

学期	主题	品格
一年级上学期	积极自我	自律、坚韧
一年级下学期	积极情绪	活力、希望
二年级上学期	积极关系	勇敢、好学
二年级下学期	积极意义	领导力、好奇心
三年级上学期	积极投入	感恩、创造力
三年级下学期	积极成就	灵性、幽默

学校根据清华大学的积极教育教材，结合学生的实际情况，组织相关部门和一批优秀的班主任，开发了具有本校特色的班会课教案集。该教案集全面而系统地包含了积极教育所有重要的主题和内容，包括模型、积极情绪、投入、关系、意义、成就、抗逆力、积极自我等模块。每个模块包含理论指导、实际操作、暖身游戏、反思总结等。

积极教育班会课没有排除传统的教育目标，即教授和训练学生生活、工作以及投入社会、创造价值的技能和才干，是对传统教育的有效补充和有力支持。如积极成就模块中就包括教会学生发展性的思维、提升自主的学习动机以及有效解决问题的方法。积极班会课程能系统地、科学地分析每一位学生的品格优势，让每一位同学都积极主动地发现自身的优秀品质，完善自我。

二、行为养成教育

当然，积极品质的培养仅靠积极班会显然无法达到预期效果，还需要通过行为养成教育培养学生的积极品质。大多数职业学校的行为养成教育更像是一种思想政治教育，但这种做法显然没有达到良好的效果。一方面，思想政治教育比较偏重理论教学，而行为养成教育更偏重道德行为和行为习惯的养成；另一方面，德育教师或思想政治教师受传统教育思想影响较深，缺乏对学生个性与需求的了解，教育以说教和"灌输"为主，造成学生对知识的接受程度不高。可见，行为养

第四章 职业学校积极德育模式的培养核心

成教育不应被传统德育框架限制,而要回归教育的本质,尊重学生的主体地位,重视培养学生的自我发展能力,加强在德育中的情感体验。积极心理学的引入为职业学校德育改革和发展带来了全新视角,从积极心理学的角度看待德育,就是要德育教师尽量从积极的角度进行教育思考,关注培养学生的积极品质,转变教育思路,把行为养成教育从过去的以说教为主转变为以欣赏和鼓励为主,运用积极心理学的理念指导行为养成教育,激发学生自我发展的意愿,提高行为养成教育的效果。

作为养成教育的重要组成部分,不同教育专家和学者对行为养成教育有不同的理解。有的专家认为,养成教育的实质就是培养学生形成良好的行为习惯,所以要以行为训练为主,综合多种教育方法全面提高学生的认知、情感和行为,最终达到行为养成的目的。[①] 有的专家认为,养成教育从广义上看是包括心理素质教育、思想素质教育在内的综合素养的教育,从狭义上看是指培养学生道德行为规范的教育。[②]

(一)当前职业学校学生行为养成教育存在的问题

从目前职业学校学生行为习惯来看,行为养成教育的效果不甚明显,主要在学生的文明行为、诚信行为、健康行为、学习习惯以及自我约束等五个方面存在普遍的、较为明显的问题。

1. 文明意识淡薄

文明修养是衡量学生素质水平的重要标准。目前,职业学校学生存在明显的文明意识淡薄的问题,主要表现在不文明用语,公共场所大声喧哗、打闹,缺乏公共卫生意识,随地扔垃圾等方面。有些学生没有意识到自己的不文明行为,更不清楚这些行为对自己带来的不良影响,反而认为这是彰显特色、突出个性的标志。拿不文明用语来说,一些群体将其当作自己的标志或特色,不使用就是"不合群"的"异类",会遭到排斥。出现这种现象,很大一部分原因在于这种不文明用语习惯已经成为一种畸形的文化。从群体动力学的观点来看,当人身处某个群体之中的时候,会在一定程度上失去个人责任心,会产生与自己独处时不会出现的行为。这是因为群体成员是共同承担行为责任的,所以很多人不像独处时具有

---

① 李珣. 以学生行为习惯培养为范例的养成教育研究[D]. 华东师范大学,2010:8-18.
② 周利华. 学生思想政治教育对积极心理学理念与方法的借鉴研究[D]. 西南大学,2011:20-31.

较强的责任心,这种行为叫作责任的扩散或无个性化。个体的特征越少,责任越会被稀释,产生不文明行为的概率就越高。所以,要培养学生的文明行为,就要为学生创造一个文明健康的学习和生活环境,尽量避免不良文明行为的影响。

2. 诚信意识缺失

诚信是我国自古以来便歌颂的美好道德品质。在职业学校学习时期,是学生从青少年向成年人过渡的重要时期,具有较强的学习能力和适应能力,但由于心智发展不成熟,缺乏较强的明辨是非的能力和自身控制能力,容易受到社会大环境的影响,出现不良行为。例如,一些学生缺乏对学习的兴趣,甚至有厌学的情绪,为了逃避学习会出现说谎的行为,或在考试中实施作弊,这些都是缺乏诚信的典型表现。学生在学习中出现不诚信行为主要是因为自己不满足实现自己目的的素质或条件,但却想借助其他手段达到目的。

3. 健康意识不强

受传统教育思想的影响,学生各个学习阶段的身体健康教育都明显不足,学校和教师也没有形成足够的健康认识。随着社会的不断发展,国家越来越重视对学生综合素质的培养,学校、教师和学生的健康意识和体育认识都得到了明显加强。但从整体上看,学生的健康意识仍有不足。学生在现阶段仍处于精力旺盛、活动较多的阶段,参加的体育活动和身体锻炼相比于成年人略高,但也存在吸烟、饮酒、饮食和睡眠不规律的问题。学生对自身健康方面存在明显的矛盾,在思想上认识到身体健康的重要性,但在行为上却很难保持健康的生活习惯。这与学生自制力不足,容易受到诱惑、安于享乐的心理状态有密切联系。在心理健康方面,大多数学生都处于较为良好的心理健康状态,然而一旦出现心理健康问题又不会主动寻求帮助。并且,学生的自我效能感较低,易产生自卑和自我怀疑,容易产生负面情绪,但又不擅长负面情绪的排解;对积极健康的内容接受能力较强,但对自身的影响力不足,在愉悦欢快的环境中也会产生孤独寂寞之感,幸福感较弱。所以,职业学校要重视学生健康意识和健康生活习惯的培养,将健康意识养成作为德育的重要内容。

4. 学习主动性差

学习习惯是学生在学习过程中形成的一种较为稳定且持久的行为方式,是学生自觉学习、主动学习的特殊倾向。大多数职业学校的教学管理较为严格,学生课堂出勤率较高,但学习效率却不高,大多数学生人在"心不在",课堂学习缺乏主动性。究其原因,与职业学校学生的特性有很大关系。首先,大多数学生的学习动机不强，少数学习动机较强的学生中，只有很少一部分人是出于对专业的喜爱而学习，大部分人功利心较重。其次，学生自学缺乏学习引导，没有形成科学的学习策略和规划，一旦在学习过程中受挫就容易产生挫折感、失败感，进而厌倦学习，形成习得性无助。[①] 最后，学生在学习过程中容易把失败归结于智力发育和能力水平，很容易产生无助、抑郁的情绪，对自己的评价偏低，变得不自信，学习动机也逐渐降低，最终产生厌学心理。

5. 自我约束力不强

自我约束可以理解为学生的自我控制力，是个人对自我心理和行为的掌控力，自我控制能力较强的人更容易获得成功。自控能力较强的学生一个明显的表现就是做事有计划或规划，并能严格执行计划和规划。有些学生也能做短期规划，但常半途而废，不能持之以恒，这就是意志力薄弱的典型表现。每个学生心目中都会建立一个理想自我的形象，在设定目标时往往会按照理想自我的标准进行设计，但在实际行动过程中，现实的自我往往无法专注于目标，缺少毅力，遇到挫折时常会半途而废。更有甚者会产生嫉妒心理和"酸葡萄心理"，认为自己只要能够坚持下去一定比别人做得好等。

（二）构建积极行为养成教育体系

积极心理学倡导积极的人生观，强调激发个体自身的积极力量，挖掘自身的积极潜能，进而提升个体的自身素养，从而建立更加积极幸福的生活氛围。将积极心理学的理论应用于学生的行为养成教育，通过倡导积极的教育观念、教育内涵、教育途径、教育环境，从而构建积极行为养成教育体系，激发学生自主学习的积极性，增强行为养成教育的实效性。

1. 倡导积极行为养成教育的观念

观念指导行动，有什么样的观念就有什么样的行为，职业学校行为养成教育的关键在于教育理念的转变，应由"批评式教育"转向"赞赏教育"。受应试教育的影响，学生在小学、初中的学习过程中，养成了"以老师为中心"的学习模式，因为教师在进行行为养成教育的过程中，往往多偏向于强制性教育，在这个过程中，学生接受的模式是"我们应该做什么，我们不应该做什么，如果做不到会受

[①] 崔景贵. 解读职校生"习得性无助"现象：心理症结与教育策略[J]. 中国职业技术教育，2013（12）：65—72.

到怎么样的惩罚"。这种教育带有强制性的色彩，学生只是在学习如何摆脱不好的困境，如何让自己逃脱消极情绪，而缺失了如何去创造积极的情绪。而积极教育的理念主张是在教育中"以学生为中心"，将学生看作平等的个体，给予他们尊重和肯定。心理学家威廉·杰姆斯说过，人类最深层次的需要是得到别人的赞赏。特别是职业学校的学生，可能在之前以考试成绩为目标的小学、初中的学习生活中，得到老师或家长的赞赏会低于其他同年龄段的孩子，因此，赞赏教育对于他们来说尤为重要。赞赏教育是指教师在教育的过程中，挖掘学生身上的优点和闪光点，及时给予赞美和赏识、鼓励和表扬，以此激发被教师主动接受教育的方法。我们把行为养成教育与赞赏教育相结合，将学生正确的、好的行为习惯给予表扬宣传，对不好的行为在把握教育原则的基础上给以指正分析。师生之间积极地相互表现、适应和匹配，从而对学生认同、欣赏、赞美，调动学生非智力的积极因素，譬如倾听、希望、创造性等，其实这个过程也是对学生情商的培养过程。

2. 挖掘积极行为养成教育的内涵

积极心理学致力于对人的幸福感等积极心理品质的研究，这些研究成果已逐渐融入行为养成教育的内涵。积极心理学视野下行为养成教育的内涵主要包括三点。一要强化心理指导，遵循心理健康教育规律。养成教育要有实效，就要求养成教育的内容、方法都要服从学生的心理发展规律，采用学生乐于接受的方法进行教育。对于一个人格健全的学生，应该首先具有健全的个性心理。许多我们认为行为养成教育有问题的学生，可能出在心理健康上。一个心理有障碍的学生，往往表现为行为习惯不好。因此，养成教育首先要按照心理健康教育规律，培养健全的学生人格。二要通过积极人格的塑造，挖掘学生的发展潜能，形成关注行为习惯积极价值的思维习惯，即积极的行为养成潜质教育。不断创新教育途径，通过开展丰富多彩的主题教育活动和社会实践活动等，引导学生由实践而进行感悟，并能积极践行，不断开发养成潜质教育。三是学校养成教育要以学生的行为习惯为起点，以学生的精神感受为重心，并引领学生在这种体验和感受中获得精神的快乐、充实和幸福，构筑自己蕴含着生命崇高价值与意义的精神家园，才能最终达到润泽生命的精神境界。

3. 拓展积极行为养成教育的途径

学校应明确行为养成教育的目标，帮助学生认识行为养成教育的重要性，让学生认识到养成良好习惯决定人生的命运，引导学生树立正确的价值观、人生观、幸福观。塞利格曼曾指出，积极心理学的目标是实现从消极心理学到积极心理学模式的转变，实现从修复心理疾病到构建人类积极品质的转变。从这一点上说，职业学校学生行为养成教育的目标应该是引导学生对幸福生活的追求，通过拓展学生的积极体验，发掘与培育个体内在的积极因素，最终致力于学生积极人格的塑造。积极的情绪有利于事件的完成程度，人在积极情绪下的效率远高于消极情绪。我们在行为养成教育中，一是要开设参与式教学活动，提高学生的课堂参与度，将之前的理论教学改变为理论与实践相结合，让学生在实践中掌握和巩固理论。现在的学生特别是职业学校的学生，对于纯理论的说教有排斥感，甚至厌恶学习，但是他们的思维能力和动手能力较强，所以让他们自己主动去接受要比强行塞入要强。参与度高的教学活动更易激发学生的学习兴趣，提升行为养成教育的效率和持久性。二是引导学生进行积极的自我建构，鼓励他们自我提升，打造好行为养成教育的基础。在教育中不断地鼓励他们从"现实的我"向"理想的我"转变，不断地积累信心、勇气等正向心理资本。在教育中与学生平等交流，并相互信任，激发他们的主体意识和行为养成动机，让他们主动去接纳、去接受，在教育过程中容易体会到成就感，而这种成就感又会让学生拥有积极的情绪，形成一个养成教育的良性循环。三是树立行为养成教育的榜样模型，让学生间接体验到行为养成教育的效果。此外，职业学校作为实施行为养成教育的主体，需要将行为养成教育融入职业院校教育目标，将行为养成教育的元素融入学校教育教学及管理的各个层面，关注学生发展的全程。

4. 创设积极行为养成教育的环境

积极心理学非常强调积极的组织系统对个体积极力量、积极人格和美德的重要性，因此应该把学校生活环境视为一种教育资源，优化和创建学校组织系统，实现学生个体与环境之间的正能量传递。一是学校要形成针对学生习惯养成教育的系统规划，把对学生习惯养成教育列入人才培养方案，分年度有计划地进行系统化教育。二是加强校园宣传氛围。积极行为养成教育需要加强人文校园建设，加强数字化校园建设，加强校园传媒载体建设，充分利用学校报纸、校园广播、校园橱窗、校园电视及校园网络等设施，实现对学生良好行为的宣传，营造充满讲习惯的校园环境，以积极渗透的方式进行宣传，使学生广泛地接受行为养成教育。三是教师要深度挖掘校园或学生中存在的积极力量，并进行扩大和培育，使每位学生的积极力量在积极的环境中得到充分表现和发挥，进而培育学生个体层面和集体层面的积极品质。四是积极寻求家长的配合。行为养成教育应该寻求家庭，家庭教育资源是开展积极行为养成教育不可或缺的条件。保持学校教育和家庭教育的一致性，可以增强学生的社会道德意识和社会责任感。五是学校要形成全员、全过程、全方位的育人氛围，教师、行政、后勤起带头作用，发挥育人作用。

总的来说，行为养成教育是学生德育中的重要组成部分，职业学校的学生行为养成教育，应改变传统教育模式，注重学生自我发展能力的培养，使行为养成教育坚持积极教育理念，注重教育过程个体存在问题的积极因素，构建积极行为养成教育体系，使学生行为养成教育达到实效。

第三节 职业学校积极德育模式中积极品质养成典型案例

一、行为铸德案例分析

2020年，江苏省某中等职业学校根据本校学生的身心发展特点和本校实际情况，提出了基于育人为本的德育体系——积极德育。该校以积极心理学、养成教育、成功教育等理论为指导，重视唤醒学生内在美德和健全人格的培养，通过积极的教育手段激发学生的积极动力，实现学生深层次的、积极的品德形成。该校的积极德育分为4个板块，分别是文化润德、行为铸德、知识养德以及劳动砺德，其中，行为铸德即积极行为的养成，也是促进学生形成积极品质的最有效的、最重要的途径。

（一）实施背景

该校结合国家教育改革政策和人才要求，制订了人才培养规划，也提出，要大力实施积极教育工程，主要培养为地方经济发展服务的德智体全面发展的应用型技术人才。但当前，接受该校教育的学生基本是"中考落榜生"，相当一部分是学困生，由于一直得不到肯定和认可，相当一部分学生对自己的前途感到迷茫，自暴自弃的学生非常普遍。正如第二节所分析的一样，该校学生同样在诚实守信、文明礼貌、勤奋学习、健康生活、自觉自控等道德行为规范上存在一定的问题，这当然也就成为该校德育工作的重要内容之一。

(二)实施方法

1. 目标引导规范制约

"行为铸德"的第一步骤是确立教育目标,即帮助学生养成良好的行为习惯,或是纠正其不良的行为习惯,为整个教育过程划出目的地,并选取适当的行为规范作为"行为铸德"的实施依据,以达到教育目标。该校的行为规范主要指《中学生行为准则》《寄宿生行为规范》等。

2. 认知教化情感激发

"认知教化情感激发"是"行为铸德"一个不可或缺的中间环节,指的是要对学生进行认知教育,使其系统地了解行为规范的具体要求,经过内化的过程,进而从情感上对行为规范的具体要求产生认同,使其依据行为规范来调节自己行为的积极性得到激发。

3. 行为训练体验领悟

"行为训练体验领悟"指的是教师通过使用行为训练法在一个周期内督促学生按照行为规范的要求规范自身行为,并帮助其从这种行为规范中产生自我的体验领悟,真正从自身意愿出发,在以后的行为中坚持良好的习惯。

4. 评价反馈行为调节

"评价反馈行为调节"指的是教师与学生双方协作,共同对学生在一个周期内的行为进行评价,产生反馈结果,教师据此调节整个"行为铸德"的过程,同时使学生的行为习惯在下一个周期内得到更好的培养与矫正,更加靠近教育目标。

5. 反复练习形成习惯

"反复练习形成习惯"指的是在根据反馈结果调整"行为铸德"的过程后,教师要督促学生按照优质的行为模式反复地练习,直到学生形成良好的行为习惯,达到最初制定的教育目标。

(三)具体实践

1. 军营化内务

1)为学生创造良好的宿舍环境和优美的外部环境

宿舍区环境及室内环境对学生的综合素质的提高有不可替代的推动作用。该校可以在学生宿舍区重点搞些"绿化、美化、亮化"工程,用优美的社区环境来熏陶人、感染人,使学生的心灵得到净化。在宿舍楼内设置一些生活服务设施,如促使学生"正衣冠、端品行"的正衣镜；投币洗衣房；在一楼设置宣传橱窗和公告栏及天气预报栏等提高宿舍服务质量，方便学生的生活。在各楼层口或楼层墙壁上悬挂富有教育意义的书画或格言警句。特别是根据不同专业，做专业文化方面的布置，加强学生的专业思想教育。

2）改变考核制度，培养学生的良好习惯

没有规矩不成方圆，加强宿舍建设必须制定一套完善的、行之有效的规章制度。学生一年级进校，就要进行军事训练，了解军营内务的标准要求，对于很多同学来说，第一次离开父母独立生活，生活习惯还很差。在军官训练的同时，由学生会干部一对一地帮教，尤其是被子的叠放，是要反复地训练才能达到好的效果，对于学生的每一点进步，都要给予肯定和表扬，哪怕是一双鞋子的摆放，做好了就要给予充分的肯定。

宿舍评比以加分形式进行，各系通过五化宿舍、标兵宿舍、星级宿舍等宿舍品牌建设，对优秀的宿舍通过公布栏、校园广播站向全校展示，增强学生的集体荣誉感。并把每一次的评比结果作为系部德育考核、班集体考核、学生操行等个人、集体优秀评比的重要依据，纳入学生积极德育积点管理体系。

3）建立一支高素质的管理和服务人员队伍

加强宿舍管理人员队伍建设是宿舍文化建设的重点。该校成立以德育副校长为领导的宿舍管理委员会，学工处、系部、后勤处、学生会共同参与。学工处负责协调各系统一标准，开展学校层面的各类评比展示活动，系部负责班主任对宿舍的管理，负责宿舍室长及楼层长的管理，后勤处负责宿舍设施的维护、宿舍服务人员的管理及安全工作，学生会负责宿舍的自主管理，负责纪律、卫生的检查与评比，并将检查结果报学工处、系部汇总公布。在这个过程中，该校充分发挥学生骨干在宿舍文化建设中的模范带头作用。①选好宿舍室长。室长不仅能及时掌握宿舍里发生的各种事情，而且与宿舍成员年龄相仿，在思想上、感情上容易沟通，能够把群体内更多的人吸引过来。因此，室长素质的高低，在较大程度上影响学生宿舍文化的质量。②充分发挥团员、学生干部的模范带头作用。在学生宿舍成员一览表内对入党积极分子、团员、学生干部给予特殊标明，让他们时刻记着自己是入党积极分子、团员、学生干部，要用先进的思想、优秀的品质、模范的行为激励普通学生，让其他学生受到感化。

4）开展丰富多彩的宿舍文化活动

丰富多彩的宿舍文化活动，对于培养学生的亲和力、凝聚力以及参与竞争意识具有得天独厚的条件,因此,学工处和系部积极探索,为学生创造开展文化活动的有利条件,让学生在活动中陶冶情操,在潜移默化中锻炼和提高。开展宿舍文化建设的内容,包括以下方面。①以改善住宿状况为主要内容的竞赛。如"新生叠被子大赛""装饰设计竞赛""商标设计竞赛""星级宿舍评比""劳动技能竞赛"等活动。②以拓宽知识面为主的学习活动,如"室友一周专业技能赛""一周一演讲"等活动。③以活跃气氛、培养情趣为主要内容的活动,如寝室文化周活动,其中包括"宿舍故事会""宿舍晚会"等。④为促进学生间良好的人际交往,开展"十佳友好宿舍"评比及"最受欢迎的舍友"讨论活动,使学生在活动中学会做一个善于合作、沟通的人。

学生宿舍建设是一项长期的系统工程,作为学校的教育管理者要充分认识到学生宿舍文化建设的重要性,要加强学校各部门之间的联系和交流,不断加快学生宿舍硬软件建设,要积极探索,不断创新,用丰富多彩而又扎实有效的文化建设活动吸引学生,提高其综合素质,真正把学生宿舍建成"教书育人,管理育人,服务育人"的重要阵地。

2. 疯狂晨读

职业学校的学生,可能在之前以考试成绩为标准的初中生活中,在学校或者家庭得到的赞赏会低于其他同年龄段的孩子,因此,很多学生表现出缺乏自信、内向甚至自闭,不敢在公共场合大声讲话,发表自己的观点。

由于职业学校的特点,学生不再有升学的压力,许多学校都不开设晨读课,就是有晨读,学生也是有气无力地装装样子。其实晨读很有必要,职业学校学生的晨读和初高中时期不一样,不能只为了记忆,而是要让学生大声地读出来,读出气势、情感,读出自信,可以与 20 世纪 90 年代风靡一时的"疯狂英语"相类似,所以称为"疯狂晨读"。

1)疯狂晨读的形式

晨读的形式可以多样性,这个由班主任和语文老师商定,可以班级齐读,可以一人领读,其余学生跟读,或者几个同学组合表演读。不管什么样的形式,都要求学生人人参与,让每一位学生都有机会走上讲台表演,给每一个学生展示的舞台。

2)编写晨读课本

晨读内容也不是漫无目的的。学校根据教学计划和各年级学生特点,请教务处、语文教研室一起编写了晨读课本,该读本选取了职业学校语文教材中要求掌握背诵的基本篇目，加上一些经典古诗词、名言警句、经典散文片段，汇编而成。既满足教学大纲的要求，又能提高学生的文学修养。

3）开展形式多样的诵读活动

学校每学期都会举办各类比赛评比活动，例如，诗歌诵读大赛、金牌诵读手评选等。激发学生对古典文学的兴趣，丰富学生课余生活，从而使其热爱中国传统文化。

（四）实践成效

实践证明，经过严格的行为训练，学生的组织纪律性、团队意识、生活态度、学习状态、文明举止、精神面貌等方面均会有明显的进步，校风学风也会因此更为积极和谐。

（五）心得体会

该校的积极行为养成教育除了"军营内务""疯狂早读"，还有"励志晨练""集体主义操""优雅就餐"等形式，涉及学生生活的多个方面，这里不再一一阐述。

我国教育理论与实践的集大成者陶行知先生提出了"生活教育理论"——在生活中养成习惯，在实践中养成习惯。这里指的行为养成习惯是养成教育的一部分，是个体行为习惯的养成。印度有一句古谚语："播种行为，收获习惯；播种习惯，收获性格；播种性格，收获命运。"可见，通过行为训练可以塑造人的品德，这是一种"由表及里"的培养方式。

二、劳动砺德案例分析

该校积极德育的另一个重要部分就是"劳动砺德"。"劳动砺德"就是要通过劳动完善一个人的积极品质。培养不怕苦、不怕累、不怕脏、埋头苦干、吃苦耐劳、坚韧不拔、尊重劳动人民、珍惜劳动成果的健康青年，职业学校阶段是学生从青春期向成年期转变的重要时期，是个体发展个性、稳定性格的关键时期，积极品质的培养，光靠课堂的说教是行不通的，还必须有一定的实践活动。劳动是最有效的实践活动，职业学校学生劳动有很多形式，例如，家务劳动、志愿者活动、公益劳动、创业劳动，实习技能训练劳动等，下面要分享的是礼仪值周劳动。

第四章　职业学校积极德育模式的培养核心

(一)实施背景

学校根据国家教育发展规划，为更好地体现"积极教育、幸福人生"的教育理念，加快培养具有"现代班组长"潜质的高素质劳动者和技术技能人才，学校从2018年下半年起，在一年级班级中实施包括传统礼仪和劳动教育为主要内容的"劳动礼仪值周"。

(二)实施目标

1. 践行社会主义核心价值观、弘扬优秀传统文化

学校的传统礼仪教育的深入、富有成效地开展，能让学生养成大方得体、热情友好、礼貌待人的良好行为习惯，培养学生擅长劳动、创新劳动的道德修养，形成具有宽容、感恩、谦让、诚实的高尚人格，展现该校良好的精神风貌。

2. 拓展"积极教育"的途径、达到服务管理示范效果

服务：根据需要落实岗位，学生在自己的工作岗位上根据各自的工作职责，全方位全过程地做好服务工作，参加义务劳动，做好清洁卫生工作，协助有关部门临时性工作。

管理：根据各自工作职责，在服务的同时，受学校委托负责做好全校学生日常行为的管理，督促全校同学自觉遵守学校各项规章制度，保证校内环境整洁，秩序井然，对任何违反校纪校规的人和事，有权加以批评指出，并报学工处。

示范：值周同学在做好各自工作的同时，要模范执行学校各项规章制度，言行举止要文明礼貌，见到师长要主动问好，同学之间团结友爱，态度谦逊，工作兢兢业业，一丝不苟，做全校学生的表率。

(三)实施过程

劳动礼仪值周由专门的老师负责，系部、班主任配合管理，带队老师会提前和班主任联系，了解班级具体情况，制订具体方案。

(1)每天有一堂礼仪课，有专职老师授课，课程内容将八礼四仪具体化，涉及职业学生在校学习生活的各个方面。

(2)将劳动覆盖家庭、学校、社会三个区域，打造由家庭教育、学校教育、社会教育共同参与的"三位一体式"教育模式。

①落实家务劳动，提升家庭教育基础作用(家务劳动项目，家长评分)。

②完成自我服务劳动，强化学校教育功能作用（日常打扫、整理，劳动课，学生创业劳动，实习技能训练劳动，负责老师评分）。

（3）开展志愿者活动，公益劳动，完善社会教育辅助作用（社会志愿者劳动，校外德育基地劳动，校外辅导员评分）。

（4）所有劳动项目纳入德育积点考核，每学期完成规定劳动量，经班主任考评合格，获得相应积分。学校每学期将学生劳动积点学分进行汇总评比，评选"优秀劳动者"并表彰。"优秀劳动者"在各类先进及奖学金评选中优先考虑。

（四）实践成效

学生通过多形式的劳动，潜移默化地培养了奋发进取、自信、勇敢、吃苦耐劳、善于竞争的积极品质。进一步强化了洁净整齐的卫生意识；热情周到的服务意识；文明礼貌的礼仪意识；严格规范的管理意识；吃苦耐劳的劳动意识；团结协作的集体意识。学生从"厌劳动"向"会劳动""爱劳动"不断转变，成效显著。

（五）心得体会

每天劳动结束，指导老师都要进行总结，评点在劳动过程取得的成绩，不管劳动量是大还是小，劳动成果明显与否，都给予肯定和表扬，使学生对于自身的付出有一种满足感，真正弘扬"我服务，我快乐"的奉献精神。

"劳动礼仪值周"全面培养了学生自主管理能力、职业精神和身体心理素质，为将来走上工作岗位打了下坚实基础。

第五章

职业学校积极德育模式与和谐视角中各因素之间的关系

第一节　大众传媒、个体道德与职业学校积极德育模式的关系

一、大众传媒

大众传媒是以客观、真实的态度和原则向大众传递信息，肩负着舆论表达、信息宣传、文化传承、休闲娱乐和舆论导向的社会职责，引导大众形成正确、健康的价值取向。然而，一些媒体在实际运行中没有坚守住自己的服务宗旨和价值底线，受利益驱使出现了不同程度的商业化、媚俗化、虚假化的问题。

随着互联网技术的迅猛发展以及移动终端和设备的广泛普及，互联网媒体也迅速发展起来。但由于发展速度过快，缺乏完善的监管机制，许多网络媒体逐渐走上"歪路"，过分追逐所谓的热度、流量，将原本代表真实、客观的大众媒体放入浓厚的商业氛围之中，严重损害了大众媒体的公信力。在这样的文化氛围中，客观的评论、深入的思考以及正向的文化宣传和价值导向很难吸引大众的目光，反而容易被那些耸人听闻的标题和娱乐新闻更具吸引力。同时，新闻内容越来越参差不齐，驳杂不清。一些媒体光靠标题吸引眼球，但内容空虚、毫无价值。以上这些问题说明大众传媒正逐渐与自身社会责任渐行渐远，反被商业逻辑裹挟，失去对大众的终极价值关怀，在商业利益和所谓的热度、流量之中逐渐丧失"自我"。大众传媒的这些问题最终导致自己丧失自己的社会公信力，也使大众生活充斥着毫无价值和意义的垃圾信息，长期受"符号暴力"的不良包裹和渗透，会逐渐消解大众对道德的认知和信仰，失去道德选择的机会和能力。

大众传媒既包括报纸、杂志等传统纸媒，也包括广播、电视、手机、互联网，以及与其相关的信息传播机构和组织，如电视台、广播站、网站、出版社等，是传递新闻信息的最主要载体。大众传媒的覆盖面非常大，信息内容丰富、影响范围大、传播频率高，具有信息广泛、内容丰富、实效性强、参与度深等特点，在调节舆情、传播文化、协调社会、休闲娱乐等方面做出重要贡献，甚至有人将大众传媒称为是行政权、立法权、司法权之外的"第四权力"。时时处处被大众传媒包围着的人们，已经漂浮在大众传媒的海量信息的网络之中。

21世纪互联网快速发展，全球网民数量仅在短短几年之间就实现了倍数增

长，并且随着现代信息技术的飞速发展，互联网已经深入到人类社会的方方面面，也时时刻刻影响着学生的日常学习和生活。

二、大众传媒对道德的影响

大众传媒对道德的影响可以从广告对大众的影响进行分析研究。广告对大众影响的微妙之处就在于其能潜移默化地改变人们的生活习惯，而不是单纯地激发人们的消费需求。例如，女性杂志、家居杂志等纸媒教导人们搭配服饰和家居装饰，从表面上看，这些杂志在教导人们如何美化自己的生活，实质上是在教会人们如何适应新社会阶层的生活方式。

从广告对大众生活习惯的影响可以看出，大众传媒在一定程度上消解了人们对高尚的追求，让人沉溺于简单的、外在的或物质的追求。由于互联网的盛行和普及，视觉文化日渐盛行，视觉媒体更加受到大众的青睐。大众传媒通过其特殊的方式影响大众的价值选择和价值判断。许多国家和商家在很早之前就意识到视觉媒体对人的影响，通过影视作品、杂志等传播信息，引导大众的价值观念。这说明了大众传媒能使受众的社会性格齐一化发展，并且通过向大众灌输价值观的方式，左右受众的价值思考和价值选择，最后在信息包裹中逐渐"失去自我"。在这种自我丧失的现象中，有一种共同的做法就是降低或消除大众的审美和心理距离，尽可能给予大众最直接的刺激。而在降低或消除大众审美过程中，受众会被一层层直接的感官刺激所包围，"来不及"做出深入的思考。这些大众媒体会不断对信息和刺激进行调整，不断为受众提供新的刺激，引导受众形成齐一的情感和行为。例如，年轻人会模仿一些明星的造型，一些影视作品中的经典台词或片段会在现实生活中被人们争相模仿和传播。

大众媒体对年轻人的影响是最深刻的，特别是正处在社会化过程中的学生群体。大众媒体利用自身娱乐化、参与度深的特性成了最容易被学生接受的信息获取渠道，并凭借短、频、快的信息内容快速在学生群体中"吸粉"。这些包裹在新形式外衣下的娱乐活动实质是在传播消费主义、唯快乐主义的审美和价值取向，潜移默化地消解了勤俭节约、无私奉献和集体主义等价值理念。消费主义文化实际上是一种商业性文化，具有娱乐性、商业性、大众参与性等特点。消费文化在为学生带来感官愉悦的时候，也进一步强化了自身对学生价值取向的影响，淡化主导理想信念，与国家和社会倡导的道德观念和价值取向渐行渐远。

除此之外，学生受家庭经济条件影响而产生的信息差异会使不同学生之间信息占有上的差异，从而对学生的平等观念产生影响。雅诺斯基在其著作《公民与文明社会》中谈到大众传媒对学生政治社会化、道德社会化的影响。他认为，从媒体的本性和绝大多数活动来看，大众媒体始终处在公众领域之内，无论是国家领域还是市场领域，都需要通过大众媒体实现公众对话，可以说，大众媒体在传播政治信息方面发挥巨大作用。德育就是学生进行社会化、道德社会化的过程。大众传媒能够可以通过信息传播影响学生的政治认知、政治态度、政治情感、政治价值观的形成和转变，促进学生的政治社会化，并进而影响学生的道德社会化。大众传媒对学生施加影响的方式大致可分为明示、暗示、强制等三种方式。明示是指正面、连续的宣传教育和价值强化；暗示是指通过教育、文娱活动、风俗习惯等非政治性的手段传播某种思想观念；强制是指通过一定的强制性力量或方法使对象接受某种思想观念。毫无疑问，大众传媒在当代的德育中扮演着非常重要的角色。大众传媒通过各种方式，或直接或间接或强制地向受众输出信息。

大众传媒对学生道德品质的形成和发展的影响巨大。美国著名的心理学家和教育家劳伦斯·科尔伯格认为，德育最主要的目的就是激发学生的积极意识和积极需求，促进学生道德推理能力的发展，使学生能在生活实践中有意识地促进自己道德水平向更高的层次发展，实现自我完善。同时他认为，判断学生道德成熟的方法是衡量学生对道德的判断能力。尽管劳伦斯·科尔伯格的理论具有一定局限性，但也为德育发展提供了理论借鉴。大众传媒对学生道德品质的形成和发展的影响，如2007年的"华南虎照片"事件，就能很明显地看出大众媒体对受众的道德判断的重要影响。当大众媒体提倡多样化时，学生必然会受到多种文化和价值观念的冲击。大众传媒对现实进行学生描述、说明和解释对学生的道德心理和道德行为施加潜移默化的影响。

美国传播学教授拉扎斯菲尔德在其文章中指出大众媒介能麻醉人们的精神，通过传播的信息使人沉浸在其构筑的虚幻环境之中，并产生虚假的满足感，在潜移默化中影响人的行为能力。随着大众传播产品的增加，使人们从过去积极地参与事件向消极的认识实践转变。并且，大众传媒持续地向人们传播信息，使人们持续地、被动地接收信息，逐渐丧失对信息的辨别能力，这是对人们批判意识和反思能力的消解，将人们变为单向度的人，不假思索地接收媒体传播的信息。此外，大众传媒在一定程度上降低受众的审美和对美的鉴赏能力，潜移默化地消减受众对崇高美的追求。大众传媒也会使受众产生逆反心理，当传播者试图强迫受众接受一些无法认同的观念和原则时，随着传播者的说服活动不断加强，受众会

第五章　职业学校积极德育模式与和谐视角中各因素之间的关系

产生更加强烈的逆反心理,更加不能认可这些观念和原则。受众的这种逆反心理有时会影响大众传媒的道德传播和教化功能。大众传媒也可使受众产生从众心理,受众会在团体意志的压力和裹挟之下放弃自己的意志,转而采取与大多数人相同的意志和行为。从社会心理学的角度来看,受众和媒介之间也存在这种自我放弃的关系。

对职业学校德育而言,大众传媒的影响表现在两个方面:一是大众传媒拓宽了信息获取的渠道,也为德育内容的丰富与更新提供了机会;二是大众传媒的信息内容参差不齐,有许多不良信息充斥其中,影响了学生对德育内容的选择和接受。

大众传媒对职业学校德育环境产生了重要影响。大众传媒改变了传统的学校教育环境,也对学校德育提出了新的挑战。德育环境是学校德育的重要组成部分,能对学生的思想和行为产生最直接的影响。德育必须在一定环境之中实施,脱离环境的德育是虚幻的教育,无法实现德育的目的。而大众传媒随着现代信息技术的快速提高而迅猛发展,形成了新的学校德育环境,但这个新环境相比于过去的教育环境更为复杂。因为大众传媒表征的文化都具有多面性,所以对学生施加的影响也是多方面的,不能做简单的否定或肯定,这样简单的一刀切的做法都会造成理念偏颇,对学校德育也毫无益处。在大众传媒形成的复杂新教育环境中,职业学校应作出合理应对,有效利用新环境,解决新环境中存在的问题。在过去,信息的流动是单向的,但在网络时代,信息的流动是双向的,并且是不对称、不均衡的。网络传媒的出现改变了过去德育的主体间性和主体间的互动方式,造成了主体不在场,从而降低了主体间的互动效果。并且,有可能促使"权力的分散"观念的产生,还有可能催生不良信息和不道德行为。大众传媒进一步扩展了学校德育的渠道,将单一的人际传播转变为多元化传播,学校应充分发挥大众传媒的这一特点,提高德育效果。过去,学校德育的强制性色彩较为浓烈,会使学生产生逆反心理,而通过大众传媒,可以通过学生喜闻乐见的方式和形式传播,将德育内容隐含在信息之中,对学生施加潜移默化的影响,使学生产生从众心理。学生通过大众传媒能够观察到他人的行为以及该行为产生的后果,这是一种代替性、间接性的学习,学校可充分利用这一特点拓宽德育的渠道,扩大德育空间范围,使学生在任何地方、任何时刻都能受到良好的影响,提升了学校德育的时效性。

大众传媒对学校德育效果的影响是两面的。所以,我们不能简单地判断大众传媒对学校德育到底是好还是坏。笔者认为，大众传媒必须要切实履行其"把关人"的职责，充分正确发挥舆论导向、协调社会、文化宣传和教育功能，才能促进德育效果的提升；反之，如果大众传媒"自降身份"，在商业化、流量化的裹挟下丧失"理智"和原则，则会对学校德育产生阻碍。例如，影视作品中的暴力情节能够消解青少年的道德能力已经成为不争的事实，所以现在国家对面向青少年群体的影视作品都有严格把控，消除其中的暴力元素和暴力情节。此外，传媒中对女性群体的固有偏见也能消解人的道德能力。受男权观念、父权制意识的影响，以及媒体人性别构成、消费文化等其他影响，一些媒体仍然避免不了物化女性、对女性形象刻板化描写的问题。这些做法弱化了女性在社会中的主体性，这势必会对社会的和谐氛围造成不良影响。

三、网络对个体道德能力的消解

（一）网民规模与结构特征

当今世界已经进入了互联网时代，网络因为其高度开放的信息共享、快速便捷的信息交换、海量的信息存储等优点，广泛、深入地参与人们生活的方方面面，因此人们将网络称为人类的第四大媒体。现如今，大多数人的生活已经与网络无法分开了，网络的出现为人们的生活带来了极大的便利，也在以不同的方式影响着人们的生活。网络社会是与现实世界不同的虚拟社会，而网络社会生活又会给人的精神世界带来哪些影响和变化呢？笔者将以网络造成的数字鸿沟为切入点，探讨网络对人们道德和价值观念选择和判断的影响。

1. **网络造成的数字鸿沟对个体道德价值观的影响**

信息技术的出现和发展产生了数字鸿沟（digital divide）。数字鸿沟到底是什么呢？它是指人们在网络设施、设备、思想观念、能力水平等方面存在的差距造成的网络方面的差距。所以会根据掌握信息的多少出现信息富足者和信息贫困者，他们之间的差异就是数字鸿沟。数字鸿沟既代表了与网络相关的硬件、软件、应用技术等物质差距，也包括社会文化、网民心理素质等精神文化差距。

20 世纪 80 年代以来，我国社会经济进入高速发展时期，人们的生活也产生了巨大变化，但与此同时，社会阶层的分化也更加明显。即使到了信息时代的今天，人们的物质生活水平在几十年间有了巨大提升，但人存在较大贫富差距。贫富差距在网络时代带来的是人们在线上状态的差异，以及网络环境中的不平等。

处在数字鸿沟一端的信息贫困者，很少有机会参与到以信息为基础的知识经济中。数字鸿沟加重了人们在现实生活中的不平等，并对人们的道德选择和价值取向产生直接影响。

尼葛庞谛罗指出，数字鸿沟将人群划分为两类"阵营"——信息富有者和信息贫困者，信息所有者与非所有者。数字鸿沟的存在确实可能加重社会分层的问题，处在数字鸿沟弱势边缘的群体会被阻隔在参与教育、培训、经济等社会活动之外，长期处在信息贫困之中，受到不公平的待遇，就会消解这部分群体对公正、平等的伦理价值观，甚至有可能滋生社会怨恨等不良情绪，消解人们的道德认知与道德信仰。

网络时代时时刻刻将人们包裹在信息海洋之中，而网络社会中符号化的信息是驳杂不清、参差不齐的，所以人们相比过去更容易受到垃圾信息的自扰。长期被符号化的网络信息包裹的结果是人的符号异化，将网络世界与现实世界分离开，长此以往将降低人的真实个性，丧失真实的自我，沉浸在符号化信息之中，将虚拟和现实混淆一起。被符号异化的人会逐渐丧失对现实社会道德准则的感知和判断，出现道德冷漠、道德价值取向错误等问题。可以说，网络带给人们极大的便利，也使人们长期处在网络社会"符号暴力"之中，消解人们对自我主导价值的认同感和选择能力，并且，因为虚拟和现实两种文化的冲突使人产生价值选择的矛盾，逐渐消解人的道德认同、道德信仰和道德选择能力。而道德培养和发展需要道德认同和道德信仰，在社会道德规范内化为个人道德的过程中，需要同化和顺应的过程，而网络社会中驳杂的信息将会干扰这个过程，从而阻碍人道德的形成和发展。

3. 网络造成的身体退隐对个体道德能力的消解

网络世界不同于现实世界，它是虚拟的，任何人在网络世界中都可以为自己套上一个或多个"马甲"。所以，网络世界与现实世界可以看作是"后台"与"前台""不在场"与"在场"的互换。网络造成人体的退隐，带来了主体的消失、道德责任边界的模糊、与现实世界的隔离、道德的冷漠等一系列道德问题，从不同层面消解人的道德能力。网络空间不同于现实空间，它是由符号组成的，网络世界中的人也是符号化的人。人体的退隐带来的是人在现实社会中身份的退隐。尽管网络世界以及构成它的符号都是人类创造出来的，但人在网络中的化身并不是生物性和社会环境的必然产物，而是能够通过非物质手段创造出的、可以操作的智力产物。身份是人承担社会角色的媒介，是责任与权利的统一。人体在退隐的同时身份也就被遮蔽了，伴随而来的是对责任和权利界限的模糊，社会道德消解。

1）道德失范的产生

所谓道德失范，是指处在社会规范混淆不清或匮乏、社会规范不稳定下的社会环境。将这个概念引申到网络社会中，可以推断出网络社会道德失范是指网络社会中的道德真空、与现实社会道德规范相冲突、道德规范存在不确定性，以及由前三者造成的一系列网络不道德行为。网络道德失范的主要表现有：传播网络病毒、用非法手段攻击他人网络、网络暴力、网络不良信息、网络诈骗、网络赌博等。出现这些问题的原因除了复杂的社会问题和心理原因之外，人在网络社会中造成的人体隐退也是一个重要原因。

在网络社会中，人在现实中的身体会隐藏在网络平台的后面，人们使用各种符号在网络社会中实现社会交往，因此，网络社会中人与人之间的交往实际上就是符号间的互动。所以，网络社会中的交往不需要像在现实社会中一样，没有身体作为担保，在某种意义上相当于失去了人与人交往中的他律，网络社会中的行为全靠自律，而这种"躲"在符号背后的交往降低了人的羞耻感，势必会出现行为上的放纵。道德中的羞耻感主要来源于自我和他人对自己的否定性评价，但在网络社会交往中，无论是自我和他人都是"不在场"的，那么自我和他人的评价的约束力就会大打折扣，在一定程度上消解了羞耻感。可见，人体对个人道德行为具有一定约束力，人体在场能对道德行为具有担保作用，所以，网络社会中的不道德行为多多少少都与人体隐退有关。

（2）道德冷漠的形成

在网络时代到来之前，人与人的交往需要人体在场，这样才能流畅地进行信息交流，这也充分证明了人体在场对人与人之间的社会交往和道德行为的重要意义。而在网络社会中，人与人之间的交往实际上是没感情的符号之间的互动，很少有人能对符号袒露真心、付出真情。所以，网络社会中人体的退隐带来的是情感的抽离，而情感是左右人道德行为的重要因素，缺乏情感的社会必然是冷漠麻木的。所以说，真实存在的、非象征性的人体才是担负责任与权利的载体，使人与人之间的交往变得有温度，脱离了物理空间的交往会使道德伦理变得松懈。这说明，在人体隐退的网络社会中，交往的纽带是十分脆弱的，这种脆弱的纽带关系必然会使交往双方未来关系的不确定性和不稳定性，那么这种交往就变得可有可无、毫无价值。

人体隐退的另一个影响体现在语言的使用方面。现实中的人是符号的动物，

第五章　职业学校积极德育模式与和谐视角中各因素之间的关系

人将思想中的意义通过语言表达出来，这种语言既包括说出的语言和写出的语言，也包括身体语言。说出和写出的语言有时会言不由衷，身体语言在很多时候往往是自然的、下意识的表达，会更加真实。所以，身体语言在人与人的交往中往往能产生"无声胜有声"的效果，起到说出和写出的语言无可替代的效果。然而，在网络社会中，人体隐退的人与人之间的交往彻底斩断了人的身体语言。缺乏身体语言的在场，意义的传达没有那么完整，也成了滋生道德冷漠的土壤。道德冷漠的形成，就会导致对个体道德同情能力、移情能力的消解。

3) 道德自我的瓦解

道德自我是建立在感性生命基础上的，是人格与意识的统一，表现为身与心、天与人、个体性与社会性的有机。在网络社会中的道德没有感性生命作为依托，造成道德情感的疏离。同时，网络社会中道德自我中缺少了人与现实社会互动这一环节，有可能致使主体责任无法落到实处。网络社会会将主体的身与心分离，将人格内涵中的知、情、意分裂开来，让人与现实生活世界渐行渐远，从而瓦解道德自我。网络会将网络社会中的"我"与现实的"我"分裂，人对"主体的我"和"客体的我"的界定变得越来越模糊，"本我"会跨越"自我"的防线追寻"超我"的意义。这种状况会阻碍人格的正常发展，当人自我迷失严重时会分不清"我"到底是谁，自我同一性产生分裂。而道德自我是由人格表征出来的，具有稳定性特征，网络社会将自我与现实社会的联系割裂开，造成自我封闭和自我割裂，人会表现出冷漠、孤僻、烦躁等消极情绪，逐渐远离道德自我。

现实社会中，人们通过身体上的近距离接触、和人际交往会表达爱意，而爱与责任相连，责任又是道德的"关键词"，所以，道德的消退表现为责任的消退。在网络社会中，人们能够打破时间和空间的限制畅通无阻的交往和交流，网络将人与人的距离拉近，有时也将心与心的距离拉远。如前所言，责任产生的基础是距离的拉近，而网络社会将这个距离拉远，对责任的产生与发展造成阻碍，这也验证了人体的在场为道德担保。从道德的起源来看，无论是道德还是责任需建立在距离接近的基础上。

从人的成长过程来看，父母需要通过拉近距离将爱、安全感、温暖传递给儿童，这也是父母履行责任的生动写照。儿童在长大后，也会通过拉近距离将这种延续自父母的爱、安全感和温暖传递给自己的下一代。父母对待子女的爱与责任从拉近距离开始，在距离增加，甚至身体退隐之后可能会造成爱与责任的"逃逸"。当人缺乏了爱与责任的束缚就会放纵自我，甚至突破道德的边界，做出违背道德的行为。

4）道德经验的疏离

道德经验是指当人们处于利益关系情景中时，既可维护自己的既得利益，又能获取自己应得的利益，同时又能证明自己是"道德人"的经验。道德经验的概念说明了道德能够处理利益关系，并且在利益关系情景中也少不了道德。恩格斯认为，人们会在生产和交换的关系和过程中有意识或无意识地积累道德经验，获取自己的伦理观念。这说明了道德经验直接来自生产与交换、生活与消费、相处和交往的实际过程。人的生存需要经验，要想获得良好的生存体验就需要在利益关系中不断积累经验，当这些经验涉及利益关系时，势必会有善和恶的价值取向，这就是道德经验。在网络社会中，因为人体的退隐，与现实生活拉开了距离，获取的道德经验是不全面的、不客观的，沉浸其中的人们就很难获得正确的道德认识和道德评价。

赫特认为日常生活包括个人生活的方方面面以及个人与社会的关系。而在网络社会中，人体的不在场遮蔽了人与人之间的主体关系，使人对现实社会产生陌生感和距离感。鲜活的日常生活能为人们道德水平的提升、道德能力的成长提供养分，过分参与网络社会必然导致人们日常生活的缺失，进而对道德培养造成影响。

（5）道德自由的放逐

道德自由的基础是选择自由，而选择与主体责任息息相关。因为在网络社会中人体的退隐，使人脱离了熟人社会的日常生活，转变为陌生人社会的网络生活，这就造成了社会规范与道德禁忌的缺失与个体责任的飘零，人的行为就会是毫无顾忌的自由，也可以成为消极的自由。在这种情况下，消极自由的没有底线或一再突破底线。要知道，没有绝对的自由，任何自由都是自律和他律的有机结合。自由并不是将自己孤立在外，而是正确地建立人与人的关系。哈耶克认为，自由是人的一种状态，是不受他人武断的意志产生强制行为的状态。柏林在其著作中阐述了自己对积极自由和消极自由的理解。他认为，消极自由的逻辑要先于积极自由，因为只有先破除他人武断的意志的强制，才有执行个人意志的自由。而积极自由只有回归到消极自由，人才有真正的自由。消极自由让人与人在交往过程中产生了共同的默契，这样人才能对交往有可预期性。积极自由在一定程度上会逾越界限，人就会不自由。所以，消极自由和积极自由要从正反两面来看，消极自由也有积极价值，积极自由也存在消极因素。

道德自由和自由一样，需要自律和他律和谐统一，二者不能分割。道德他律是道德自律的前提，当他律的规范逐渐内化为个体自觉的规范时，他律就转变成了自律。马克思认为，人在精神上的自律是道德发展的基础，人在精神上的他律是宗教发展的基础。这说明了社会规范、大众普遍意志对人的约束作用，也说明了道德和宗教的不同，以及二者对人的制约作用的性质不同。真正的道德自由是在理性和规范约束下的自由。

在网络社会中，人体的退隐使得人们很容易被网络灌输的驳杂信息所满足，当人们被网络中虚幻的感性欲望轻易干扰时，实际上已经丧失了作为人的真正的自主性，这时人们所认为的开放和自由并不是真正意义上的自由。孔子有言语"从心所欲不逾矩"，道德自由正是"不逾矩"的"从心所欲"，在规范和约束下的自由才是真正的自由。

第二节　社会伦理、思想道德与职业学校积极德育模式的关系

随着文化全球化进程的不断推进，大量不同的文化涌入我国，并与传统文化产生了交流与碰撞，也促进了新思想、新观念、新思潮在我国产生。文化的交流、碰撞以及新文化的产生都对道德文化和道德观念产生了巨大的影响，其中，最先要提到的就是相对主义的观念对道德的影响。相对主义是一种新观念和新思潮，其本身概念和内涵就十分复杂，在本书中，我们主要讨论的伦理相对主义对道德影响。

一、伦理相对主义对道德能力的消解

（一）伦理相对主义的概念

相对主义是一种古老的哲学理论，在不断的发展过程中逐渐与其他学科相结合，出现了不同的流派，伦理相对主义就是相对主义在伦理学领域中的应用。伦理相对主义也可以叫作道德相对主义。伦理相对主义认为，道德只在特定的社会和文化之中才能产生作用，所以世界上没有具有普遍性的、必不可少的道德。伦理相对主义出现的时间较晚，是在以量子力学、遗传工程、信息技术等为代表的

新兴学科的发展背景下出现的新的思维方式和价值观念。万俊人对伦理相对主义概念进行了解释,相对主义是"一切不再享有某种永恒的经典权威、相对性意义开始弥漫于各种科学、文艺和道德生活领域。观念的更迭、价值的变换以及人们思维方式和生活方式的革新,出现了前所未有的频率和态势。这一状况无疑影响到西方社会的价值观和道德理想。道德相对主义取代传统的道德绝对主义而成为现代伦理思潮的一种普遍趋势。"[1]万俊人对相对主义的解释说明了相对主义的本质是反对权威和永恒,倡导不确定和变和,同时也指出了相对性和相对主义之间的关系,这在一定意义上能够看出相对主义具有一定现代性。

聂文军[2]从西方伦理相对主义的演变、层次、类型等方面进行了较为深入的研究,推导出西方伦理相对主义的三个发展阶段。

第一阶段,发生在古希腊罗马时期,主要代表为智者派的伦理相对主义、苏格拉底—柏拉图的伦理相对主义、亚里士多德的伦理相对主义和怀疑论派的伦理相对主义。

第二阶段,发生在近代时期,主要代表为人文主义的伦理相对主义、英国经验派和大陆理性派的伦理相对主义以及18世纪法国启蒙学者的伦理相对主义。

第三阶段,发生在现当代,主要代表为元伦理学伦理相对主义、适用主义的伦理相对主义、存在主义的伦理相对主义以及境遇伦理学的伦理相对主义。

从西方伦理相对主义的演变历程能够看出,伦理相对主义的发展与社会文化和哲学的发展息息相关,其主要流派的思想变化与哲学思想的变化几乎相同,并且又与伦理学的多个领域相结合,表现出共时性特征,不仅包括元伦理学的伦理相对主义,还包括规范伦理学的伦理相对主义、境遇伦理学的伦理相对主义等。聂文军将伦理相对主义划分为多个层次,即规范层面、原则层面和体系层面三个方面。将伦理相对主义划分为不同的层次,有利于人们深入研究伦理相对主义的理论和内涵。同时,聂文军还将伦理相对主义划分为三种不同的类型,分别是文化的伦理相对主义、经验的或境遇的伦理相对主义、主观的或认识的伦理相对主义,有利于人们深入研究伦理相对主义实践和应用。

伦理相对主义的内涵十分复杂深刻,本书仅从其对人们道德能力的消解做进一步分析。在道德思维上,因为道德相对主义过于重视道德的相对性,忽略了道

---

[1] 万俊人. 美国当代社会伦理学的新发展[J]. 哲学动态,1995(08):32-33.
[2] 聂文军. 西方伦理相对主义的方法论基础[J]. 伦理学研究,2009(04):15-18.

第五章　职业学校积极德育模式与和谐视角中各因素之间的关系

德的普遍性和特殊性、绝对性和相对性的统一，以及二者的相互关系，在道德领域的表现为道德主观主义、道德情感主义、道德文化主义、道德历史主义、道德虚无主义、道德怀疑主义等形式。道德主观主义认为，道德判断是个人的主观判断与他人无关，所以很难形成统一的道德判断和标准。道德情感主义认为，无论是道德语言还是道德判断都是个人情感与态度的表达。道德文化主义认为，文化不同，道德判断的准则也不相同。道德历史主义认为，道德观念会随着时代的变化而变化，所以，客观统一的道德判断标准是完全不存在的。道德虚无主义认为，道德只是文化在道德领域的投射，所以人对道德问题的看法根本无法左右道德判断，也不存在客观的道德判断标准和准则。道德怀疑主义对道德真理的存在持怀疑态度，道德真理是否真的存在还无从判断。

道德相对主义将道德的相对性绝对化，只看到道德的不确定性，因此在道德理论和道德实践两个方面消解人的道德能力。在道德理论方面，会导致出现道德语言无序、道德失范、道德共契的消解、道德共识的离散等问题，消解人的道德认知能力和道德信仰能力。在道德实践方面，会消解人的道德选择、道德判断、道德评价能力、道德践履能力、道德交往能力和道德同情能力、道德自我构建的能力等。

（二）伦理相对主义对个体道德能力的消解

伦理相对主义能够消解人的道德认知能力和道德信仰能力。伦理相对主义认为善与恶实质上没有界限，所以在道德生活和伦理生活中人们可以随心所欲地做自己想做的事，不存在道德共识和普遍的道德准则，强调特殊性忽视普遍性、认可多样性漠视统一性、注重主观性排斥客观性、重视相对性忽视绝对性。伦理相对主义将人过分个体化和单一化，过分强调"我"的存在，忽视了群体的作用。在认识方法论方面，伦理相对主义也较为极端，违背了理解和解释的视域融合原则，在这种意义上看，伦理相对主义的原则就是无原则，造成人对道德的认识模糊不清，或者无法适应。道德相对主义在根本上否定了道德知识的存在性，因而在本体论层面否认了道德认识，那么也就没有道德认识能力发展一说了。

人是无法脱离文化而存在的，价值是文化的核心，人之所以能在社会中生存依靠的是人们形成了价值共识，社会的稳定与团结有赖于主导价值的共识。而伦理相对主义从根本上消解了价值共识的基础，抽离了社会良心运行的基础，走向了畸形发展和恶性运行的深远。伦理相对主义消解了人的道德语言能力，使其处于一种无序的状态,并且从理论和实践两方面消解了人对道德能力的把握。

人需要通过语言表达自己的思想,而伦理相对主义会造成道德语言的混乱。道德语言最明显的一个特征就是能够充分地表达分歧的意义,并且,关于思想争论以及其中存在分歧的表达也是没有停止过的。尽管人们关于思想分歧的争论从未停止,但人们仍然没有找到一种有效的方法使人们对道德问题得出相同的意见和观点。麦金太尔指出,出现上述这种状况的原因是道德概念上存在不可公度性,并且没有一种既合理又有效的方式能对不同主张进行衡量。以上两种观点就是道德相对主义和道德主观主义的态度和立场。道德情感主义作为道德相对主义的典型表现,认为道德判断只是人的一种情感态度和偏好的表达。

伦理相对主义最先影响的是人的道德认识,之后影响人的价值选择和价值判断,同时潜移默化地消解道德评价能力,最终导致人的道德行为出现偏差。道德行为实际上就是人在一定的时间、地点和环境之中表达恰当的情感态度,并实施恰当的行为。而道德相对主义能够消解人的价值选择和价值判断,所以无法做出正确的价值行为。道德相对主义认为,道德的意义和标准太多了,所以人们没有办法把所有的道德判断及其标准全部纳入道德之中。

伦理相对主义还通过瓦解人与人之间的道德共识消解人的道德交往能力。语言是人与人之间交往的基础,道德相对主义会造成道德语言的无序,从而消解人的道德交往能力。道德交往能力的削弱会降低道德宽容,进而消解人的道德同情能力和移情能力,产生诚信的缺失和道德冷漠。

道德相对主义过分强调道德的灵活性和多样性,忽略了道德的原则性和统一性。我国传统伦理道德充分靠了经验和权衡的关系,为人们在伦理生活正确处理道德的原则性和灵活性的关系提供了借鉴。如在《孟子·离娄章》中就有"男女授受不亲,礼也;嫂溺,援之以手者,权也"。在道德实践中,道德相对主义往往过分强调环境的特殊性和多样性,忽视了对道德普遍原则的解读,从而导致道德信仰失去依托。

伦理相对主义对人的道德行为的另一个主要影响表现在道德生活中出现的道德冲突和道德危机。因为人的道德需要通过道德的内化这一过程,最终体现在外化的行为上,换句话说,人的思想观念都会在外部行为上表现出来。广义层面上的利益是道德形成和发展的基础,从某种意义上来说,利益是道德行为的驱动。而伦理相对主义由于过分强调道德的相对性和特殊性,所以,在现实生活中伦理相对主义也加重了个体利益特殊性和社会群体利益特殊性的分歧,认为不同的社会群体有不同的群体利益和利益关系，所以，当不同的个体和群体在面对不同的群体存在的伦理相对主义为人们在道德实践中体现的个人主义、自我任性提供了"正当的"理论依据，加重了以自我为中心、自私自利、各自为政的问题，不利于社会的稳定与团结，消解了人的道德共识和道德宽容。

聂文军在研究伦理相对主义时还特意提及了极端伦理相对主义者的典型表现，认为陷入这种思想观念中的人在现实生活中往往会陷入道德虚无主义。他认为，极端伦理相对主义者无法理解道德多样性和相对性，缺乏对道德的普遍性和共同性的认知，将道德看成是一种主观的、可有可无的思想观念。在现实生活中的行为表现为以自我为中心、我行我素，甚至对伦理相对主义主张的"相对的道德"也存在逆反和不认可的态度，认为真正的人应该是完全自由的存在，人的行为也不应受到任何约束，所以能对人的思想情感和行为进行约束和指导的道德也是不存在的。

伦理相对主义会消解伦理道德中的普遍性和绝对性因素，这样道德就失去了对社会生产实践和日常交往的规范和指导。伦理相对主义从根本上否定了客观、正确、普世道德的存在，消解人的道德自我构建能力，转而追求非理性的价值体系，甚至偏向伦理虚无主义。

二、科学主义对道德能力的消解

随着科学技术的飞速发展，人们更善于用科学理论解答现实生活中的问题，用科学的思想进行思考，随之而来的是宗教思想对人的影响越来越小。如培根提出的"知识就是力量"、伽利略提出的数字化世界图景，科学正在逐渐走向"主义化"。特别是近代以来，神学逐渐"走下神坛"，科学在人们心目中的地位逐渐"超然"起来，并渐渐地具有了"形"上的意义，并最终与现代观念倡导的理性、效率、进步融合在一起最终上升为了"主义"，真正意义上地形成了科学主义，并开始逐渐向学术世界、日常生活、社会文化等领域渗透。

（一）科学主义的概念

自从科学主义出现后，国内外许多学者都对科学主义的概念和内涵进行了大量的讨论与研究，从不同的层面解释了自己对科学主义的理解。《牛津英语词典》对科学主义的定义是人们对科学知识与科学技术的坚定信念，这里所说的是唯科学主义。与之相似的是《韦伯斯特大词典》定义的弱唯科学主义，指在人类所有学科领域研究中都应倡导使用科学的理论和方法的观点。

曹志平和邓丹云从六个层面对科学主义的概念进行解读："①自然科学是所有知识的典范，它是正确的，能够解决人类面对的一切问题；②科学对自身具有依赖性，所以不能用认识的形式去解读科学；③自然科学的理论和方法能够应用于人类科研领域，包括人文科学和社会科学；④在研究哲学认识论的时候，需要从探讨具体科学开始，通过实证科学的研究手段和方法来研究认识论、回答认识论问题的一种倾向；⑤一切物质都可以放在一个自然秩序之中，并且只有通过科学方法才能解读秩序的各个方面；⑥科学精神是一切领域都应遵循的。"[1]当然，上面列举的六点不能表现出科学主义的所有方面，但是我们能够通过这些概念看到科学主义在不同层面的内涵。需要注意的是，第六条将科学精神和科学主义混淆在一起，这一点显然不够"科学精神"。

（二）科学主义的维度和本质

人们在研究科学主义的时候尝试从不同层面分析科学主义的本质。从存在的本体论的角度来看，科学主义把科学泛化，使其成为一种形式上的单一的世界图景，并将科学引申为一切事物的解释和构造原理。如果从科学主义的角度来看，世界上的一切事物都可以被还原为数学、物理、化学等规定。并且，这种规定又是科学构造这个世界的基础和前提。如此，科学的世界图景就具有了存在的本体论意义。

从方法论的角度来看，科学主义把科学方法泛化，并向世界上的各个领域进行渗透，并通过把实证的观念和对数学化的追求作为核心。孔德把自培根以来实事求是的科学精神，看成是实证哲学的基本准则，同时将多种科研方法如观察法、实验法、比较法等，视为所有学科研究的主要方法，这其中也包括社会科学和人文科学。斯宾塞认为科学方法大体上可以分为三大类，分别是抽象科学的方法、抽象—具体科学的方法以及具体科学的方法，其中，抽象科学的方法主要用于逻辑学和数学研究；抽象—具体科学的方法主要用于物理学和化学等学科的研究；具体科学的方法主要用于生物学、地质学、天文学学科的研究。并且，斯宾塞主张在社会学的研究中也使用这些方法。这些都充分说明了，科学主义将科学泛化的目标既包括了自然领域也包括了社会领域。

---

① 曹志平，邓丹云. 论科学主义的本质[J]. 自然辩证法研究，2001(04): 11－15＋19.

第五章　职业学校积极德育模式与和谐视角中各因素之间的关系

此外，科学主义还向人生领域渗透，如奥斯特瓦尔德对快乐做出了"科学"的解释。奥斯特瓦尔德认为，人感受到的快乐的程度是能够被计算的，并且提出了计算快乐的公式：$G=(E+W)×(E-W)$。其中，G 表示快乐的程度；E 表示自然消耗的能量总数；W 是被迫消耗的总能量。边沁也认为快乐的程度能够被测量，可以通过快乐的强度、持续时间的长短、产生快乐原因的确定性、快乐的纯粹性、快乐的影响范围等进行测量。

在大多数人的认知中，快乐、满足、幸福等都是人的主观感受，属于心理学和哲学的范畴。并且，人是复杂的，拥有情感、意志等多维度思想，所以，要想用数学的方法测量、描述人复杂的心理活动，体现出人的复杂性和多面性，通过科学解读、描述、测量，甚至是控制人生领域的方方面面显然是无法得出完全准确、客观、科学的结论的。近年来，我国道德教育领域中也出现了对学生道德品行量化、数据化的思想观念和方法，如统一的评价标准、课程标准、统一的考试等，这些都是科学主义将科学方法泛化的典型表现。除此之外，科学主义还主张在社会科学领域的研究中使用自然科学的方法，意在使科学主义在全知识领域建立"霸权"。

从价值观的角度来看，科学主义认同并肯定了科学的正面价值，甚至认为科学本身代表的就是"善"，是值得人们去追求的。换句话说，科学不仅有手段价值，科学本身的存在也具有目的价值。对科学主义而言，科学代表的是文明、理性和进步，它作为外在的研究手段代表是一种"善"，其存在本身也具有内在的价值。事实上，上述所言对科学主义的价值取向，是随着现代化的发展，通过现代化的一系列思想理念，如民主、自由、客观、效率等推动下逐渐形成和发展的。之后，科学主义的观念逐渐向其他学科领域渗透，经过长时间的发展渐渐渗透到人类生活的各个领域，并往往和"人是万物的尺度""人类中心主义"等思想观念相互糅杂。科学主义向社会各领域渗透，要求社会的运行以技治主义为准则，要求在社会公共管理和行政管理中实施标准化、程序化、形式化、层级化的操作。在教育领域中，主张采取统一化教学模式以及标准化课程标准、教学模式、评价模式、选拔机制等，甚至对学生道德品行的考量都可以通过标准化测量的方式进行描述，这些都反映出明显的技治主义倾向。除此之外，社会达尔文主义、线性的进步观等思想观念也或多或少反映出科学主义的影子。总而言之，科学主义将人和社会都视为不同类型的机器，都可以进行也必须进行"科学"的操作，这种观点彻底将人对象化，使人走向了主体的黄昏。因为科学主义过分迷信科学的正面价值,甚至将其视为一种信仰,即认为科学是无所不能的。但这种信仰主要是对科学方法和功能的信仰,通过科学取代神学,但其自身又发展成了一种新的"神学",让人们对其深信不疑、膜拜甚至是信仰,对国家和社会而言,科学就上升为一种意识形态,反映人与社会的存在。

从科学主义的知识观、文化观的角度来看,在科学主义的观念中,科学是唯一能够完全信赖的知识形态,是凌驾于所有学科之上的。在科学主义认为,任何知识要证明自己的存在和合理、合法的,就需要证明自己具备科学的形式,这反映出在科学主义需要通过科学来统治所有知识和文化的思想倾向,主张科学是唯一的真理,除科学之外都不是真正的知识。此外,科学主义往往表现出通过科学知识"霸凌"人文知识和叙事知识的倾向。索宙认为,科学主义更像是一种信仰,它认为科学才是人类所有知识中最有价值的,是最权威的、最严密的、对人类社会最有意义的。索宙对科学主义内涵的解释充分反映了科学主义对科学的肯定,并确定了科学,特别是自然科学在知识领域中至高无上的地位。

从实践理性的角度来看,科学主义认为科学是先进、理性和进步的代表,历史的车轮是滚滚向前的,那么人类社会的进步就是永不停歇的,最终只有科学才能够帮助人类解决在进步过程中遇到的所有问题。尼赫鲁曾坦言科学对社会的价值和功能,科学能够解决一系列社会问题,通过科学能让人们脱离贫困、饥饿、疾病、迷信以及不合时宜的旧俗,科学能够避免资源的浪费,消除贫富差距。没有人能承担忽视科学的后果,人类历史的每一次转折其实都是向科学寻求帮助。人类未来的发展需要科学,也属于科学。科学被泛化为科学主义之后,造成了世界图景的单一化,加剧了自然科学和人文科学的紧张关系,造成工具理性和价值理性的断裂。当科学主义渗透到文化生活领域后,对教育和道德教育都造成了冲击,消减了德性价值,对人的道德能力也造成了一定的影响。

(三)科学主义对个体道德能力的消解

在科学主义眼中,世间万物就是各种各样的机器,人也不例外,这种将个体物化和对象化的观念,过分强调理性,认为感性只是人稍纵即逝的心理波动,具有极大的不确定性,所以人的自我认识也无从探查。因为,在科学主义看来,人与世界其他事物在本质上没有区别,那么,人也就没有反省意识,就没有办法进行自我确认。从这种意义上来看,科学主义确实能对道德主体的存在产生消解作用。

第五章　职业学校积极德育模式与和谐视角中各因素之间的关系

1. 道德教育的主知主义走向

科学主义向道德教育领域渗透就会造成道德教育产生主知主义倾向，具体表现为只重视逻辑知识的构建，将道德教育简化为单纯的知识教育，而忽视了道德理论的因果规律的影响，尽管这种做法在一定层面上强化了认知能力和知识在个人道德发展中起到的作用，但也是对道德教育的异化，抽离了道德教育中丰富动人的情感内容。

主知主义道德教育在科学主义的影响下，单纯地重视道德认知的构建和发展，并且把道德问题转化为能够通过科学解决的智慧问题，完全忽视了人的情感、内在动机和行为。如此，就抽离了促进道德能力发展的内在动力，人的情感被解读为联系道德认识和道德行为的桥梁。

然而，情感在道德发展中具有不可忽视的作用和地位，社会上那些知行不一和故意失德的现象都充分说明了情感、意志对道德发展的重要性。要想让道德认知要转化为外在的道德行为，必须有道德动机参与其中，而道德动机的形成受个人情感、道德需要和意志等非认知因素的影响，十分复杂。主知主义的道德教育由于过分夸大认知能力的作用，因此只关心如何做出合乎逻辑的判断，反而忽略了人的情感和体验。从一定意义上来看，主知主义将人与情感、意志分割开来，是对人的真实存在的偏见和片面理解。主知主义道德教育通过科学世界的逻辑和语言控制思想领域和教育领域的逻辑和语言。

在思想领域中，实证性思维在科学主义的"扶持"下逐渐成为人们普遍的思维方式，这也是科学主义倡导的逻辑思维方式，并且通过这种定性思维影响道德教育，使其出现主知主义倾向。主知主义的道德教育始终强调道德认知在道德教育中的促进作用，认为人认知和行为之间存在必然联系，若要人实施成熟的道德行为就必须具备成熟的道德认知和道德思维。然而这一观点只是单方面强调了道德认知对道德行为的作用，并没有认识到道德认知只是促进道德行为发展的因素之一，而并非决定性因素。影响道德行为的因素还包括生活习惯、道德规范和社会规范等，但这些因素对道德行为的影响并没有在这一观点中体现出来。

主知主义的道德教育因为过分强调知识的学习而忽视了道德的学习。道德的学习和知识的学习有很大不同，前者主要通过体会和体悟实现，并且在学习过程中还受人的直觉、移情能力、想象力等因素影响。认知性学习对道德的学习非常重要，是必不可少的一个环节，但主知主义的道德教育只注意到了认知性学习，而忽略了体验性学习同样不可或缺的地位和重要性。

如果道德学习的方式变得单一，局限于认知性学习的方式，就是对道德学习方式的严重约束。从另一方面来看，若是过分强调道德学习的认知方式而忽略了将认知方式学习与知识和技能的学习方式视为同等，这种做法显然与道德学习的本性相背离了，是对道德学习的异化。换句话说，道德教育的目的是发展人的情感，促进人道德情感的养成，而不是让学生学习感情相关的知识。

综上所述，主知主义的道德教育是一种片面的、单一的道德教育。它单纯地强调了道德认知及其学习的重要性，而忽视了道德情感和道德意志对人道德发展的重要作用，这是对道德品质构成的错误认识。在主知主义的道德教育中，只强调道德知识的教授，忽视了对道德情感和道德意志的培养和锻炼，是对道德教育的片面理解。

2. 道德教育的技治主义偏好

技治主义可以看成是科学主义在社会领域中的应用。当科学主义泛化，科学主义的价值取向和价值观念渗透到道德教育之中，就会使道德教育出现技治主义倾向，主要体现在德育目标、德育手段、德育内容、德育评价等方面。近年来，许多学校在道德教育中都喜欢采用标准化的教育目标，对学生德行进行量化考评，认为这样才能得出"科学""客观"的评价，这些正是道德教育的技治主义倾向的典型表现。

在技治主义的主导下，科学主义成了道德教育和德育研究的唯一信仰，强调技术培养和应用，但却没有看到技术中蕴含的人文关怀，最终导致道德教育和技术的割裂。到了今天，大多数学科的研究都或多或少地采用了自然科学的研究手段，甚至有许多学科将科学主义的研究模式作为本学科研究的规范，妄图用所谓的规律对教育现象进行解释和说明，仿佛只有这样做才能体现出科学精神，显示出科学才是唯一正确的认识。同样地，教育技术方面也体现出明显的科学主义倾向。随着现代信息技术的飞速发展并在各个领域广泛普及，教育领域也逐渐重视多媒体技术的发展，从电化教育逐渐过渡到网络教育。然而科学主义却让人们的关注点产生偏移，只关注这些技术和程序的开发、制作和应用，本末倒置，忽略了对教育本身的思考，忘却了对教育的沉思，过分关注了信息产品的技术性而没有深入思考信息产品的教育性和教育功能。

受技治主义影响下的教育，认为教育技术才是教育中最重要的、最值得人们关注的，体现出"技术至上""工具至上"的教育理念，并认为在教育过程中遇到的所有问题都可以通过技术手段去解决，道德教育也不例外。受此观念影响，人们

第五章　职业学校积极德育模式与和谐视角中各因素之间的关系

会过分依赖教育工具和技术，忽略了学生在教育中的主体地位。

近年来，我国教育领域对现代教育技术及其应用越来越重视，大有一种不能在教育过程中运用现代教育技术的教师就不是合格的教师，并且，这种观点也渗透入道德教育，将道德教育同一化为知识教育，没有看到道德教育中包含的应然性和超越性特征和内涵。技治主义主导下的道德教育观，只看到了技术的现代化，而没有看到人的思想的现代化。将教育任务窄化、简略化为单纯的知识传递，忽略了教育对学生个性、情感和能力的培养。当然，本书的写作目的并非是否定现代教育技术对教育发展的功能与作用，但我们应该要看到，在科学主义影响下，由于过分关注现代教育技术的手段、开发和应用，忽略了道德教育对学生思想、情感和意志的培养。使得道德教育缺乏了育人的功能，结果就是道德教育只传授道德知识，而忽略对学生思想观念、价值取向的培养，以及道德行为的规范和引导，容易造成学生在品德、人格、情感上的荒疏和缺乏。

教育技术只是一种教育手段，需要人实施操作才能发挥教育技术的作用，应用教育技术的目的是为教育服务，所以，人应该对教育技术起导向作用，决定教育技术的应用和发展。技治主义的道德教育中，错误地将教育技术这一教育手段当成了教育的目的，忽视了人在教育中的主体地位，将人放在了教育技术的从属地位，没有正确看待人、教育、教育工具和教育手段之间的辩证关系，漠视人对教育技术的应用和发展起的导向作用和决定作用。

其实，在教育技术的开发、制作和应用的过程中也应体现人文精神，换言之，我们应把教育技术视为文化的一个组成部分，体现人文精神和人文关怀，而不应是技术本身。我们要摆脱技术至上、技术决定的观点，关注人思想和道德的成长，重视人的道德、认知、情感对他人和他人的影响。

3. 科学与人文的对峙

在科学主义主导下，人是逻辑和理性的主体和化身，人的情感和意志会经过逻辑和理性的"净化"，使人在成为一台毫无感情的机器。在科学主义的影响下，人会逐渐远离丰富的情感世界，成为由各种生理系统构成的生物体，在以科学为指导的因果法则的约束的世界中机械的生活。在这个世界中，人的复杂性都被过滤成了单向度的人，过于强调知识对世界发展的意义，忽略了情感和意志对社会的功能。道德教育受此观念影响忽略了对学生情感与意志的培养，不重视学生道德能力和道德行为的培养，消解人对道德自由境界的追求。

科学和人文的对峙表现为对工具理性和价值理性的选择上。科学主义倡导的是工具理性，而人文精神倡导的是对人及其思想情感的关怀。科学主义在实践过程中表现为对科学的崇拜，对知识的追捧，与之相比，人文精神更看重人的情感和智慧。要促进学生道德能力的发展，就需要促进自我变革与世界变革的统一，要求将知识转化为品德。由于科学主义过分强调知识的作用和功能，忽视了思想情感对学生发展的作用，把思想情感消解于知识中，势必会造成科学与人文、理性与价值、生活世界与科学世界图景的对峙，如此就会斩断学生道德能力发展的路径，阻隔了知识与思想情感和智慧相通的道路，让知识和思想情感之间形成了巨大的鸿沟。

4. 道德信仰的位移

19世纪50年代以后，经世致用的思想观念日益受到人们的关注。在魏源的《海国图志》中就体现出对技术的功能和价值的肯定。"师夷长技以制夷"，不仅体现出近代文人对西方侵略者的态度，也反映出他们对科学技术应学以致用的观点，这说明科学技术是科学的载体和呈现。进化论在近代时期才传入我国，恰好与近代中国救亡图存的精神相契合，所以这一生物学理论很快引申到社会哲学领域，技进于道成了必然，科学因此提升为主义。

科学主义所倡导的科学研究方法，一再冲击人文精神和人文关怀的合理性与合法性，科学主义主张应向各领域渗透因果法则，然而少了人文精神便无法正确解释道德现象，造成道德语言的失序。科学主义将人单一化、机器化，认为人的一切行为在因果规律的掌控之下，这样做的结果会消解人的意志自由。在科学主义看来，科学是至高无上的，是世间唯一的信仰，具有超然的地位，所以把理性绝对化，将人的情感和意志作为理性的附属，并且要求情感和意志应绝对遵从理性的原则，这必然会造成理性的专制主义，消解了人的道德选择自由。人和道德信仰都具有超越的特质，但科学主义倡导的是实证研究和因果规律，二者会束缚人的超越特质，在一定程度上消解了人的道德信仰，让人能更加关注实证的科学世界，最终造成人的道德信仰的位移。

三、功利主义对道德能力的消解

功利主义又可称为乐利主义、功用主义，是一种以实际功效或利益作为道德标准的伦理学说。功利主义最早出现在英国，是随着英国近代化的发展而发展的。功利主义学说在18世纪的伦理学说中已初见端倪，到了19世纪初期，已经形成了较为系统而严格的伦理思想体系，为功利主义的产生和发展奠定了基础。

到了 20 世纪，功利主义主要表现为以斯马特的行动功利主义为代表的准则功利主义。准则功利主义的理论基点是苦乐原理和功利原则，苦乐原理认为人的一切行为都是出于追求快乐和避免痛苦的，并且苦乐的多少和程度是可以衡量的。功利原则可以从个人幸福与大多数人的最大幸福两个视角来看，二者的关系实质上是个人利益与社会利益的关系。准则功利主义认为，社会是一个虚构的组织团体，是由人组成的，社会利益就是个人利益的简单相加，即组成社会团体的每个成员的个人利益的综合。

在功利主义的发展过程中，密尔对准则功利主义的理论做了一些调整，首先是从质的层面将快乐划分为高级和低级之分，其次是提出了德性幸福与自我牺牲的观点。密尔提出的功利主义主张应重视快乐的质量，人不应沉溺在简单的快乐之中，而应在不满足的状态下不断追求更高质量的快乐。然而密尔没有提出明确划分高级快乐和低级快乐的标准，从他的观念来看，我们能够推断出，道德品质和文化教养高的人，快乐的质量更高，这一推断也印证了苏格拉底关于美德即知识的部分观点。

密尔关于德性幸福和自我牺牲的观点，认为人们最初并没有过分追求德性，只是因为德性能够促使人产生快乐、提高快乐的质量，特别德性还能抵御痛苦，所以人们才追求德性。正是因为德性和苦乐之间存在这样的关系，所以德性被认为是一种善，值得被人们追求。在对自我牺牲方面，密尔认为，功利主义尽管没有完全否定自我牺牲，但它不认为自我牺牲是一种善。换句话说，自我牺牲是有一定条件的，如果这种牺牲不能增加幸福的总量，或阻碍人们获得快乐、降低快乐的质量，那么这种牺牲就是一种巨大的浪费。只有能够提升人的幸福感、快乐感的牺牲才是值得追求和赞扬的。

第三节 社会变迁、家庭影响与职业学校积极德育模式的关系

家庭对学生道德影响的相关研究已经非常深入和丰富，本节主要选取我国社会转型以及家庭变迁中所产生的独生子女现象、单亲家庭现象、留守儿童现象三个视角进行探讨，分析这些现象对学生道德能力消解的原因。

一、独生子女的心理问题

有研究者提出独生子女成长存在五大障碍。①性格障碍。在儿童的早期教育中，如果家庭当中有同伴则有明显的对比和典范作用，更容易养成良好的性格和道德习惯。然而，独生子女由于缺乏家庭同伴，容易产生一些性格缺陷，如任性、自私、我行我素、以自我为中心等。②心理障碍。许多独生子女在家庭中只能与成人为伴，很容易出现孤独、自娱自乐、孤芳自赏等心理。③智育障碍。由于独生子女隔绝了与家庭同伴和社区儿童的人际交往，对儿童的智力发育和性格塑造的心理环境造成破坏。④环境障碍。我国儿童隔代抚育的现象仍十分显著，来自长辈的溺爱和放纵为儿童的成长造成阻碍。⑤生理自理能力障碍。独生子女由于受到长辈过分关注和宠爱，生活琐事都由长辈包办，不利于培养儿童的动手能力和自理能力。上述这些心理问题会从多方面造成学生道德能力的消解。

二、单亲家庭儿童的道德问题

在单亲家庭中，由于父亲或母亲一方家庭角色的缺失，造成了学生在角色、身份、结构三方面的严重缺失。

单亲家庭子女因为家庭结构的缺失最终造成学生在性别角色上的缺失。角色是一个人的社会身份以及与其身份适应的行为规范，单亲学生由于家庭角色上的缺失，造成社会关系纽带的缺失，家庭结构的变化引起了与之相对应的社会结构的变化，这种关系上的变化会对学生的积极心理和良好行为习惯养成造成阻碍。

社会关系是由一个相互联系的整体，形成一个关系紧密的网络。如果一个人处在紊乱的社会关系中，那么不容易在社会中找到适合自己的社会身份与其关系网络中的其他人形成正常的社会关系。同样的，这个关系网络中的人也不容易找到适合自己的身份与他人形成正常的社会关系。如此也就无法在社会中获取恰当的角色。在完整家庭中，父亲、母亲和子女构成了三角形关系。但在单亲家庭中，一方角色的缺失破坏了稳定的三角形关系，变成了直线形关系。家庭角色的缺失破坏了多重角色形态的平衡机制，变得只有长、幼形态。

在单亲家庭中，家庭伦理关系存在缺失，使得家长的感情投向单一化。在完整家庭中，是由三方进行情感分享的，但在单亲家庭中，这种三方分享变成了双向的情感依赖。单亲家庭使得家庭语言代码中少了一种性别象征，从完整家庭中两种性别象征的语言系统转变为一种性别象征语言系统。可见，在单亲家庭中，

第五章　职业学校积极德育模式与和谐视角中各因素之间的关系

家庭机制是不非平衡的、感情投向是单一的、性别象征是缺失的，就会使单亲家庭陷入一种情感困境和环境破坏，会削弱单亲家庭的情感基础和社会互动情景，使得单亲家庭的学生在社会交往中经验上相对不足。

人类生活的基本需求的满足必须在社会结构中实现的。就像宙蒙德·弗思所说的，在社会结构中，真正的三角结构是共同情操所结合的父母及他们的子女。而单亲家庭破坏了这个稳定的家庭结构，对每个家庭成员都造成了心理缺失，瓦解了家庭中的共同情操。如此一来，因为单亲家庭的家长需要独自养育子女，所以要付出双倍的时间、精力和物质，生活压力更大，压制了生活水平和生活情趣，缺乏足够的资本向外扩宽自己的社会关系网，而子女的社交是和家长的社交紧密联系的。并且，单亲家庭中，子女势必会与离去一方家长、亲友关系越来越远，亲族间的人际交往活动会明显减少。而个人情感是建立人际关系的基础，情感变淡自然会弱化人际关系，加上家庭变故对学生带来心理上的痛苦，会使学生对社交活动产生抵触，从而收缩学生的人际交往空间，影响文化视野的扩展。

在单亲家庭中，因为家长基本不怎么邀请朋友到家里做客，所以学生也不愿意带同学或朋友到家里做客。这样，学生的生活范围相对狭小，局限在学校和家庭之间，家中家长的生活也是如此。由此可以明显看出，单亲家庭缩小了学生的文化环境和文化视野，学生在有限的文化环境中因为单亲家庭的弱势效应陷入这种恶性循环，造成子女与家长双方，相互抑制，彼此都不能形成良好发展。

情感发展对个人精神状态和心理状态都有直接影响，单亲家庭使得圆满家庭的情感遭到破坏，势必会对家庭成员的精神状态和心理状态造成巨大影响。不平衡或不稳定的精神状态，以及消极的心理状态都有可能促使单亲家庭成员产生不良甚至极端心理。即便是单亲家庭中父母组建了新的家庭，但对于心智未发展完全的学生而言，要与自己并不相熟的人频繁接触或共同生活，都需要很长一段时间去适应，容易使学生在精神和心理上产生疲惫、困顿、迷惑之感，如果没有及时疏导，学生很容易产生心理问题，并与新家庭成员相处不睦，阻碍良好家庭关系的建立。其实，受到影响的不仅是学生，家长的心理状态也会受到很大影响。从单亲家长的心理状态来说，家庭破碎会产生沮丧、孤独、焦虑等不良情绪，而学生对新家庭成员的不接纳还会产生自卑、紧张等情绪。而学生也会由于缺少来自父母双方完整的情感关怀容易出现孤僻、自卑、敏感、脆弱等问题。

三、留守儿童的道德问题

何海明在对农村留守儿童道德问题其硕士论文《关于农村留守儿童道德的相

关问题及情感教育德育的实践研究》[①]中指出，农村留守儿童的道德问题主要表现在道德观念混乱、道德情感变异、道德行为失范三方面。道德观念混乱既包括对道德认识存在困惑，也包括道德价值观的错位。道德情感变异表现为孤僻、自卑等性格问题以及道德情感偏差。

（一）留守儿童道德问题的表现

1. 道德观念混乱

观念是指由善恶、荣辱、正义和非正义等概念组成的道德意识的最基本形式，是人们在日常生活中，在感觉和知觉的基础上，对具体道德现象的内在联系和本质特征的认识。农村留守儿童因为在较为复杂的社会和家庭道德环境下生长，并且无法得到来自父母的有效引导和及时帮助，往往会出现道德价值观念困惑和错位等道德问题。对于留守儿童而言，失去父母的范导、价值引导和价值澄清等道德教育资源是导致留守儿童出现道德问题的重要原因。从何海明的研究中我们能够发现，道德价值观错位是农村留守儿童普遍存在的道德问题，主要表现为社会公德意识欠缺、功利主义倾向明显、缺乏诚信、集体主义观念淡薄等。

2. 道德情感变异

道德情感的基础是道德心理，留守儿童由于长期处于缺乏健康的情感体验的环境中，容易出现孤僻、不自信等心理问题，久而久之便会引发道德情感上的变异。从某种意义上看，留守儿童实际上是另一种形式的"单亲孩子"或"孤儿"，没有健全的家庭道德环境和健康的家庭道德氛围，长期缺少父母亲情和关怀，与父母之间的关系不够亲密和谐，缺少了与父母交流和倾诉的机会，从而造成留守儿童道德情感的缺失，变得孤僻、不爱与人交流、不愿与其他同学往来，存在不同程度的自卑心理。此外，教师对学生的态度也会在不同程度上影响着留守儿童敏感脆弱的心理。何海明通过研究发现，许多留守儿童都有不同程度的焦虑、抑郁、憋闷等消极情感倾向，部分留守儿童甚至出现了攻击心理和暴力倾向。一些留守儿童存在自私人性、以自我为中心的不良性格，对长辈的道德情感发生偏差，表现为对父母艰辛的不理解、不尊重等。

---

① 何海明. 关于农村留守儿童道德的相关问题及情感教育德育的实践研究[J]. 课外语文，2017（30）：169.

3. 道德行为失范

良好的家庭生活对人生长的每个时期都非常重要。在学生道德教育中，家庭道德教育的作用是学校道德教育无法比拟的。与学校道德教育相比，家庭道德教育通常蕴藏在日常生活的细枝末节中，往往能起到润物细无声的作用，通过生活实践展现出的道德品质和道德行为能给学生留下深刻具体的积极情感体验，更容易被学生理解和接受，更容易进行模仿最终形成个人道德品质和行为习惯。家庭道德教育对学生道德素质和道德行为形成具有启发和奠基的作用。

（二）留守儿童道德教育成因分析

何海明还分析了农村留守儿童会出现这些道德问题的原因，可总结为相关政策、体制建设不健全、学校德育存在不足、乡村地区社会环境影响以及家庭道德教育缺失四个方面，这里主要重点讨论乡村地区社会环境影响以及家庭道德教育缺失对儿童道德问题产生因素进行分析。

对于留守儿童来说，由于父母在家庭中的缺失，导致家庭道德教育中缺少了父母亲的榜样作用，且父母对学生的监督和监管弱化，无法对学生形成有效的他律，最终导致学生道德素质偏低。通常情况下，留守儿童的监护类型主要分为单亲监护、祖辈隔代监护和父母同辈监护三种。其中，以祖辈隔代监护和单亲监护最为常见，这种监护类型就决定了留守儿童的家庭道德教育在主体上存在缺失。隔代抚育的一个重要问题是，抚育人需要重面对社会化，往往在思想观念、教育理念上比较陈旧，与现代社会发展不相适应。同时，农村地区社会环境对留守儿童道德发展也存在巨大的影响。部分农村地区仍然留存在着一些陈规旧俗和封建保守的社会风气，严重破坏了社会道德风气，为学生成长提供了不良的社会道德环境。除此之外，学生由于容易受朋辈群体的影响，在缺乏父母监督和正确引导下，容易加入不良群体，从而走上歧途。在留守儿童的朋辈群体内，有大量亚文化、反文化因素存在，受此影响会使学生出现道德行为失范的问题。

家庭关系是以血缘为纽带、以婚姻为基础的伦理道德关系，是人类社会中最基本的社会关系。对处在社会化过程中的学生而言，家庭成员的道德观念、价值选择、道德行为等都会对他们的道德成长和发展产生深刻的影响。父母毫无疑问应该是每个人成长过程中的第一任老师，父母与子女天然的血缘关系使得他们之间形成了充分的信任感和信赖感。父母的道德水平和道德行为对子女的道德形成和发展具有深刻影响。在学生的成长过程中，父母会在很长一段时间是学生崇拜、信任、仰赖、模仿的对象，学生会通过父母的道德人格形象观察、理解、内化社会的道德要求。

　　在家庭生活中，父母每时每刻都能对子女实施教育。其实，教育并不仅仅是一本正经的谈话、命令、引导、规范等，父母的言谈举止对子女的教育也有重要意义，可以说，父母的德性和德行在潜移默化地对子女实施教育。单亲家庭的道德环境会阻碍平等、自由、开放的家庭氛围的形成，而学生的道德发展和道德行为养成恰恰需要在这样的氛围中获取营养。如果学生长期处在不良家庭氛围中，就会压抑他们的自主性和创造性，一旦他们遇到道德困境时就会感到茫然无措、无所适从，消解道德行为能力。

　　生活在问题家庭中的学生，他们的心理健康和人际交往都或多或少受到了影响，长此以往，会增加学生不安全感和焦虑感，心理压力无法得到有效舒缓和释放，久而久之，会造成学生的心理失衡和行为紊乱，降低学生的道德信心，消解学生道德能力发展的环境和氛围，最终使学生出现道德冷漠，消解道德能力。

　　人在不同生长阶段体现出了不同的伦理特征。在儿童阶段，以父母为中心的家庭伦理关系是最主要的，人的各项活动基本以家庭为单位，体现的主要是家庭伦理关系。假设人在不同时期的生长阶段都以爱为中心，那么人在不同生长阶段对爱的需求也是不同的。儿童阶段以被爱为主，需要父母和长辈的温柔呵护；青年和中年阶段以能爱和被爱为主，这一阶段也是人生的主要阶段，需要承担多个社会角色，并在多个社会关系中担任重要的社会角色；在老年阶段以能爱为主。爱是人的思想情感发展的重要的线索之一，也是塑造健全人格的不可缺少的重要因素。单亲家庭中的学生，因为父爱或母爱被强制剥夺，造成学生在成长过程中感受到的爱是缺失的、不完整的，在不同程度上消解了学生的安全感、归属感、成就感和自信心，对学生道德自我的构建造成严重阻碍。除此之外，学生在家庭中的道德学习和道德成长也是通过不同的角色获得道德体验来实现的，而单亲家庭和留守儿童家庭不利于学生对不同角色的承担和演绎，从而消解了学生道德体验和道德学习的条件和机会，这在一定程度上也消解了学生道德能力的形成和发展。学生道德社会化也是通过个人情感体验以及观察其他人社会角色的扮演和道德行为实现的，以此促进自己对道德规范的理解和认识。学生在人际交往过程中，会将道德自我和自己对社会道德规范自然而然地结合起来，自觉地扮演自己应扮演的社会角色，获取社会广泛认同的道德观点和道德行为。处在单亲家庭和留守儿童家庭中的学生，因为亲子关系的异化造成社会角色扮演失败或错位，因

第五章　职业学校积极德育模式与和谐视角中各因素之间的关系

此消解了道德能力的发展。

除了满足个人基本需求之外，学生还有更加复杂的心理需求。从心理学的角度来看，学生的健康成长需要安全感、归属感、成就感和自信心等，这些都是学生道德自我构建不可或缺的重要元素，当然，这些元素在每个人的成长过程中不能够得到全部满足，但相对来说，处在单亲家庭和留守儿童家庭中的学生缺少的元素会更多。从哲学的角度来看，用两只脚平衡走路是人类最难实现的物理行为，语言是人类文化中最复杂的符号系统，所以，说话和走路是人类文化中最难学的两样事物，而这些，正常儿童在五岁半之前都能够学会。因此可以得出这样一个结论，即世界上没有什么事物是儿童学不会、不能学的，关键在于父母能否教会儿童。这一观点说明了家庭教育对儿童成长的重要性，以及父母长辈对儿童成长的引导性。

综上所述，学生的道德发展会受到许多因素的影响，其中，家庭道德环境是第一个影响学生德性形成和发展的微观环境。在家庭中，健康和谐的家庭伦理关系对学生道德意识和道德价值的形成、道德行为的培养都具有至关重要的作用。学生最初的道德行为就是通过模仿家庭成员的思维模式和行为习惯习得的，可以说，家庭伦理关系是学生道德发展的开端。

亲子关系是人类社会中最亲密的情感关系，和谐健康的亲子关系能带给人们最亲密、最饱满的情感体验。亲子关系不同于师生关系和其他社会人际关系，是建立在血缘和准血缘关系基础上的，是有法律规定的权利和义务为保障的，以亲密关系为依托的社会关系。在我国家庭伦理关系中，父母是亲子交往的主导，学生大多数时候都在被动地接受父母的安排。通常情况下，亲子关系状况能对学生道德价值的选择和道德认识产生直接影响，甚至影响学生的道德发展和道德行为的形成。

亲子关系通过家庭道德分为影响学生的道德能力，家庭道德氛围或情感氛围为家庭道德教育提供道德教育资源和先决条件，从某种程度上来看，亲子关系的状况会对家庭道德教育的效果产生直接影响，特别是对学生道德观念的接受和道德行为的养成与重要影响。心理学家凯伦·霍妮认为，学生道德内化的开端和最大的障碍都与亲子关系有重大关系。学生如果不能在亲子交往中获得生理和情感上的满足，就会对家庭和社会形成不信任和不安全的感觉，进而增加未来顺应不良的可能性。

总的来说，亲子关系会对学生道德社会化的进程造成影响。具体而言，这种影响主要是学生道德发展的环境和氛围、道德价值的选择、道德判断、道德同情感和道德宽容。在隔代抚育的独生子女家庭、单亲家庭、留守儿童家庭中，亲子关系是不完整或不正常的，造成了不良的家庭道德氛围，会促使学生形成孤独、自卑、敏感脆弱的道德心理和道德情感，而这种情感很容易在社会交往过程中投射到交往对象和社会上，由此产生社会怨恨和不良道德行为。

第四节　道德氛围与职业学校积极德育模式的关系

一、道德冷漠对个体道德能力的消解

道德冷漠是一种心理现象，当人们的道德关系变得疏远和孤独化后，在面临道德现象时，就会因为关系的疏远出现漠不关心、态度冷漠甚至相互否定的道德行为，这就是道德冷漠。道德冷漠和情感上的关系淡薄是有区别的，它会对人与人之间道德意识的交流与沟通造成阻碍，造成道德情感的丧失和道德行为的冷漠。可见，道德冷漠是一种消极的道德心理，表现为背离善的情感和行为。

（一）道德冷漠的形成与表现

道德冷漠的形成是一个复杂的过程，既包括社会的因素，也包括人为因素、文化因素、制度因素等，是多种因素相互作用产生的结果。从人为因素来看，包括道德意识的缺失、道德感的缺乏、道德判断模糊、道德行为冷漠等。从文化心理的角度看待道德冷漠，表现为人们不期待获得道德受助，甚至是拒斥道德受助；对他人实施的道德行为持怀疑、否定、不尊重的态度；缺乏道德责任感和同情感。需要注意的是，人为因素中道德冷漠为主要因素，但也不能忽视制度和社会道德氛围的影响。比较典型的就是社会上一些让英雄"流血又流泪"的事件时有发生，使公众产生了消极的情感体验，造成人们"不敢"见义勇为，久而久之形成了道德冷漠。

此外，人在形成道德人格后就会对自身道德行为起指导作用，当人们遇到不道德行为时，多数人都本着"自扫门前雪"的心态，只求自保，这种心理就会快速蔓延，促使从众人格的产生，使得大多数人都做"壁上观"，这也是一种助长不道

第五章　职业学校积极德育模式与和谐视角中各因素之间的关系

德势力的行为。并且，随着社会节奏越来越快，人们的压力越来越大，在客观上阻隔了助人行为的产生，为道德冷漠的形成提供了便利条件。

助人行为是一种亲社会行为，这种行为能为受助人带来直接的帮助，但不一定会为施助人带来直接的利益，甚至有的时候会为施助人带来致命的危险。这种亲社会行为的出现是人们出于对道德的信仰，通过道德同情和道德移情展现出具体的道德行为，这当中既包括人丰富的道德情感体验，又包括人对道德原则的理性认知和坚定的道德意志。"恻隐之心，人皆有之""路见不平，拔刀相助"等，这些都是亲社会助人行为的真实写照。人们形成这种亲社会行为之后，当遇到特定的道德情景时，就会自然而然地产生亲社会道德行为。道德冷漠恰好与亲社会助人行为完全相反。当遇到特定的道德情景时，不会产生道德同情感和道德移情，因而也不会产生助人行为。这是因为，道德冷漠的人缺乏对道德准则的信仰，和对社会中其他人的广泛信任，将人都视为一种手段而不是目的，要不要采取道德行为还需要作出理性的判断，衡量得失。所以，道德冷漠得失同时也是道德的旁观者。

阿伦特对道德冷漠的本质进行了阐释，他认为，道德冷漠就是"平庸的恶"。阿伦特指出，道德冷漠的行为是现代社会中广泛存在的恶，它最大的特征是不需要思考，既不用思考他人的利益和感受，也不用思考对社会的影响，默认并践行这种不道德甚至反道德的行为。行恶的人在实施行为的整个过程中都没有进行过伦理，也没有考虑过这种行为是否具有制度合法性，缺乏最基本的道德判断。这种"平庸的恶"体现了行为的兽性与当事者行为动机的肤浅之间的巨大反差。需要注意的是，这里所说的"平庸"并不是字面意义上平凡的、普通的，而是指这一行为本身以及埋藏在行为背后的原因和原则是平庸的，是行恶之人的性格和心理的一种特殊属性。他们采取这种恶的行为的原因是出于平常的人性中的弱点，这种恶的动因是平庸和肤浅的。社会上之所以会出现道德冷漠这种"平庸的恶"，是因为人的道德抑制机制遭到了破坏，丧失了打破从众行为的自我意识。那么，道德抑制机制又为什么会遭到破坏呢？凯尔曼认为破坏道德抑制机制的原因主要有三个：第一，具有合法权利的机构通过合法的程序执行命令，使得暴力具有了权威性；第二，通过正式的规章制度实现对人的约束，以及对角色内容的明确解释，使人的行为程序化、规范化；第三，通过意识形态和思想观念的灌输，暴力受害者被剥夺了人性，被当作"非人类"。这三个原因中只要满足其中一个条件，就能够造成人的道德抑制机制受损。

鲍曼在凯尔曼的基础上做了进一步研究，进一步明确了人的道德抑制机制受损的原因，可以从两方面来看。一方面是人对组织纪律的严格遵从，组织纪律具有权威性，人只要绝对服从组织纪律，他们人的行为必定是合法的，有道德的。如此，人对组织纪律的严格遵从就会逐渐钝化自己对自身行为做出正确的反思，缺少了对自身行为的思考和对纪律规范的伦理拷问。其实，我国古代关于道德机制抑制受损早就有了思考，如《孟子》中对"经"与"权"二者关系的理解，"男女授受不亲，礼也；嫂溺，援之以手者，权也。"这说明，道德法则在特殊的道德境遇下是能够做一定变通的。另一方面是行为的道德性是非显性特征。有许多不道德的行为是蕴藏在其他环节或中介之中的，这在某种程度上就对不道德行为及其产生的原因和造成的结果进行了遮蔽，每个人都只对自己所在的环节负责，这就有概率造成伦理责任的分散甚至消失，道德共同体无法真正形成，每个人都成了一个"独立"分散的个体。这就像道德旁观者，只要事情与我无关，我就不需要承担责任，也不应主动去扛起责任。如此一来，伦理责任逐渐消解，最终形成道德冷漠心理。

（二）道德冷漠对人道德能力的影响

当道德冷漠在社会上形成风气后，它的影响范围就不仅仅是道德冷漠的人这一个群体，而是扩大到对身处全社会的每个人都有影响。首先，道德冷漠能够消解人的道德认知能力，包括人对道德责任的理解和认识和对道德的敏感度，以及人在社会交往中对交往关系的把握。人对道德责任的认知是建立在自身道德经验之上的，是知、情、意的有机结合。道德冷漠的广泛存在为人带来了消极的情感体验和社会道德环境，遮蔽了人对道德的认识和对道德关系的把握，从而无法做出善的判断和行为反映。

1. 道德冷漠会导致人们对道德责任的漠视与弃置

道德冷漠是具有"传染性"的，人们处在冷漠的道德环境和道德氛围之中，很容易会受到这种冷漠的情感传染，在面对道德情景时，就出现了"各人自扫门前雪"的冷漠局面。同时，从众心理和从众行为也会促进道德责任的弥散，最终导致道德责任旁落。除此之外，道德冷漠还能够使人们对其他人的漠视和忽视，造成自我与他人关系的扭曲。这是因为，道德责任的旁落，人们会将他人看成是一种外物或对象，这时，人与人交往中正常的我—你关系，就会受此印象异化为我—他关系或我—它关系。如此一来，在遇到特定的道德情境时，道德冷漠就会使人考虑理性计较，只在乎个人利益与得失，道德行为也就弥散在原子式的个人的得失算计之中。

2. 道德冷漠对人道德情感的消解

道德情感的消解的两个主要表现就是道德移情能力和同情能力的弱化或消失，人的道德情感会变得不敏感和钝化。道德移情是道德同情的基础。道德冷漠使得人们不会从他人的角度思考问题，只顾理性计算自我得失。所以，人与人之间的交往就不会再出现"人同此心，心同此理"的现象。"己所不欲，勿施于人"就是道德移情的心理反应。缺少了道德移情，就不会产生道德同情，人的道德感就会逐渐弱化，道德敏感度逐渐降低、钝化。道德敏感，简言之就是人对道德的感知、领悟和反应能力，是人能够从实践活动和道德关系中发现道德问题的能力，是对道德现象进行道德思考的能力。

3. 道德冷漠对人道德判断能力的消解

道德冷漠的人并没有完全丧失道德判断能力，但他的行为往往表现为缺乏道德价值判断，是因为他是有意将道德判断悬置，遭遇到特定道德境遇时有意不做论断。一个具备一定道德水平的人，在遇到特定道德情景时会下意识地做出判断，从而做出道德行为，这就是所谓的"今人乍见孺子将入于井，皆有怵惕恻隐之心"。当然，如果遇到的是两难的抉择，需要人通过理性的考量，这时的判断需要智慧的支持。而且，道德判断最终的落点是情感，而道德冷漠恰好是将道德判断悬置，拒绝做出"善"与"恶"的判断，那么也就不会做出任何道德行为，实际上就是助长"恶"的蔓延。

4. 道德冷漠消解了人的道德践行能力

道德是一种实践精神，表征了它的实践理性。道德不作为，是人有能力履行道德责任却拒绝实施履责行为。所以，道德不作为表征的是人拒绝自我完善、远离崇高的精神，自甘堕落。一个人，尽管具备一定的道德认识和道德判断，但在实际生活中不履行道德责任、实施道德行动，那么也不会产生"善"的结果，或者不会产生明显的"善"。在现实生活中这样的例子并不少见。一名儿童在河边玩耍不慎落水，当时附近正好停靠一艘渔船，但船主却拒绝搭救落水儿童，无奈之下，15名大学生搭人梯意欲挽救落水儿童，由于缺乏科学指导，人梯散落，几人相继落水。留在岸上的大学生多次跪求船主施救都遭到拒绝，称"活人不救，只捞尸体"。就这样，在船主的冷漠下几条鲜活的生命最终被冰冷的河水吞没。这样的例子不是个例，许多人在面对需要帮助的陌生人时都会选择作为旁观者而非援助者，这说明道德冷漠已经成为一个较为严重的问题。

5. 道德冷漠对个体道德能力的消解

道德冷漠泛化会形成冷漠氛围，特别是当道德冷漠的人越来越多，就会产生道德责任的心理弥散。在实际生活中，道德旁观者之所以会存在并且越来越多，就与社会道德氛围、社会风气有重要关联。当遇到特定道德情景时，一个道德冷漠者出现，其他的道德旁观者开始产生从众心理和从众行为，道德旁观者会越来越多，并且，随着道德旁观者的增加道德心理责任会被分散而越来越小。道德冷漠的社会氛围为人的道德发展造成不利影响，阻碍健全的人格的塑造，容易使人道德人格扭曲。其实，道德冷漠的人是十分清楚自身行为是不道德的，自己应该实施哪些行为才是符合道德准则的，但他们会寻找许多肤浅的理由逃避道德责任，躲避崇高对自己内心的鞭笞。而冷漠带来的恶与肤浅的理由之间存在巨大的反差，就会促进扭曲人格的形成和发展。道德人格的扭曲，意味着消解了人的道德自我的构建。

6. 道德冷漠销蚀了人的道德信仰

道德是为人的，也是人为的。康德的道德律令启示我们，道德是纯洁而又崇高的，它摒弃了所有个人"爱好"和基于理性的算计。道德冷漠的人更多的是基于制度和利益等的思考，消解了人的道德自由，降低了人对高尚和崇高的追求和向往。在过去，人们的生活环境是狭小的、孤立的，以家庭为基础单位，以聚居的村落为中心，以农耕为主要生产方式，不同村落之间除了市集交易和婚娶之外很少有联络，过着自给自足的生活。在这样一个狭小封闭的熟人社会中，通过当地风俗习惯和伦理道德就能良好地约束每个人的行为，人们拥有共同的价值观念和行为模式，具备较高的同质性，但也容易出现地域偏见和文化偏见。长期生活在具有文化便宜的社会环境中也能够造成人的道德冷漠，钝化人的道德信仰和道德敏感。

二、德福关系对个体道德能力的消解

如何提高学生的道德品质，培养学生的道德行为一直都是学校道德教育关注的重点问题。从学校的道德教育活动来看，学生接受教育的过程就是自己学习道德知识、提升自身道德品质的过程，这个过程也不可避免地受到各种社会因素的影响。近年来，让好心人"流血又流泪"的事件屡有发生，这种"德福背离"的不良社会现象折射出"道德无用"的假象，不仅影响了学校道德教育活动的信服力和影

第五章　职业学校积极德育模式与和谐视角中各因素之间的关系

响力,也在客观上影响了学生对道德行为的认知和道德践行能力的发展。

德福关系从古至今都是人们重点关注和探讨的"热门话题"。德指人的德性,福指幸福,德性应该是幸福的保障。自古以来,我国都信奉"善有善报,恶有恶报"的德福一致观,这也是所有社会成员践行道德行为、追求道德生活的重要动力。然而,随着经济飞速发展,多元文化的交流与碰撞,人们的思想观念和道德价值选择都发生了巨大变化,"德福背离"的现象也屡见不鲜,主要表现为以下两种形式。

一是"好心没好报"。人们基于人道关怀的良好道德动机,面对他人需要帮助的情景会实施道德行为,对其提供帮助。受助者对于他人的善意帮助非但没有表示感激,做出回报行为,反而对施助者报以恶意,甚至利用施助者的善意行为为自己谋取利益,对施助者的利益和心理都造成了不同程度损害。如前面所提到为救落水儿童的大学生,等他们需要帮助的时候,船主为了"捞尸赚钱"选择见死不救,最终酿成悲剧。靠卖水果为生的老太途中捡到背包,内有 1400 元现金,几经周折找到失主后,却被失主诬陷包内有 8000 元,并让其归还 6600 元。无论是学生还是老太,实施了道德行为后不仅没有为自己带来心理上的积极体验,反而因为受助者的不道德而陷入痛苦的境地。

二是"好人没好报"。大多数人在社会生活中都会遵循社会公共道德准则,认为只要认同并践行社会道德准则就是一个"好人"。然而,一些人不以社会道德准则行事却能获得平常人无法获得的利益,甚至在一些特殊情境下,会出现守德即"吃亏"的情况,这让那些遵守社会道德准则的人觉得有些"难受"和"意难平"。在正常的情况,人们在社会道德准则的引导下循规蹈矩的生活理应能够获得一定的"道德回报",比如,"不乱扔垃圾""不随地吐痰""不随地大小便"就会收获一个干净、整洁、舒适的公共环境,"遵纪守法"就能获得安全、信任、有序的社会环境等。然而,现实生活常见的情况是,大多数在履行道德责任,实施道德行为后,总是有小部分人背离这些道德行为,享受到了守德的大多数人都无法享受的便利或实惠。近年来,我国大力开展公民道德建设运动,其中,以公德教育为主要内容的学校道德教育是道德建设运动的重要环节。在如今网络媒体深入全民生活的方方面面,社会生活中的德福背离现象通过四通八达的网络媒体,以一种汇聚性姿态呈现在公众面前,势必会对学校道德教育产生巨大影响。

三、德福背离对个体道德能力的影响

学生道德品质形成和发展的过程实质上是一个从知善到行善的过程。然而,

在学校道德教育中，学生从知善到行善的过程不是只在学校教育环境中实现的，而是要在走出校门步入社会后，将在学校养成的道德修养和道德行为应用于社会实践之中。在这一过程中，公共道德生活中的德福背离现象对个体道德能力的影响主要表现在以下三个方面。

（一）德福背离影响学生道德价值认知能力和道德判断能力

人要先知善才能去行善、会行善。知善是欲善和行善的基础，在学校道德教育中，知善是要帮助学生了解道德行为的价值，认识到道德行为对自身道德发展的作用和意义。在社会普遍价值判断中，就算实施道德行为并不能为人们带来明显的利益，但至少不能对行为人带来损害。而在德福背离现象中反映的却是实施道德行为反而为自己找来烦恼或利益损失的现象，这种现象会使人们对道德行为的价值产生怀疑，久而久之可能会得出"道德无用"的错误价值判断。

（二）德福背离会影响学生的道德行为意愿

学生是否要实施道德行为不仅要看"知善"，还要看学生自己最后是否愿意"行善"。从"知善"到"行善"的过渡过程中，"欲善"起到了明显的促进作用。欲善代表学生实施道德行为的意愿，这也是学生在社会实践中是否会将学习的道德知识付诸实践成为道德行为的关键所在。功利主义的观点认为，人的本性是趋利避害，而社会上出现的德福背离现象也仿佛恰好引证了这一说法，认为实施道德行为在一些道德情境下会使施助者承担一些道德风险，甚至在某些特殊情境下，施助者除了承担损失外别无所获。如果人们无法正确看待和理解社会上的这些德福背离现象，就会削弱自己实施道德行为的意愿，甚至发展成为道德冷漠，如此便会消解人的道德同情能力和个体道德能力培育的道德氛围。

（三）德福背离消解了人的道德学习能力和道德接受能力

学校道德教育的过程是学生在各种因素和道德环境影响下学习道德知识、养成道德习惯的过程。学习道德知识不同于一般的知识性学习，它同时还是情感的学习，学生对于道德行为和实施道德行为的价值的理解和认同，在学习道德知识过程中具有比较重要的作用。现阶段，我国学校道德教育仍以开设德育课程为主要方式，通过课堂教学的形式向学生灌输道德知识和道德价值观念。而社会上的德福背离现象折射出的"行善者吃亏，作恶者得福"的表象，却与学校道德教育所

第五章　职业学校积极德育模式与和谐视角中各因素之间的关系

讲授的道德价值观站在了完全对立的位置。道德价值说服力的降低势必会使学生对道德教育课程讲授的道德知识产生怀疑，认为那些是"假大空"的知识，这就会大大降低学校道德教育的说服力，消解了学生的道德认知、道德判断与道德评价能力。

第六章

职业学校积极德育模式的实现途径之积极体验

为学生提供充足的积极体验是提升学生优良道德品质的基本途径和最有效的方式。学生通过积极体验可以获取积极的情感，如自信、感恩、自尊等，激发学生自我提升、自我完善的内在需求，从而能够有意识地提高个人品质、规范个人行为。教育的本质就是激发学生自我发展的内在需求，促进学生形成自我提升的意识和能力，进而能在生活实践中有意识地挖掘、发展和发挥个人优势和潜能，勇于走出舒适圈，促进个人发展。

第一节 职业学校积极德育模式中积极体验的概述

一、积极体验的内涵

当个体在接收到外部环境与客观事物的刺激时，会将其与自己的预期和需求进行对比，从而做出相应的反应，这些反应也可以称为情绪和情感，对外表现为个体的行为。情绪和情感既包括个体对外部环境与客观事物的主观体验，也包括个体产生的生理刺激和产生的外部表情。其中，主观体验是情绪与情感的基本特征，所以，心理学中通常将体验于情绪、情感相结合，称为情绪体验。

积极体验，也可以称为积极情绪体验，是指外部环境和客观事物对人产生刺激，与人的预期和需求相符合时所产生的情绪反应和心理体验。主观满足感是积极体验的核心，积极心理学研究主要围绕着主观满足感以及人对于过去、现在和未来的积极情绪体验。通常，人对于过去的积极情绪体验有满意、欣慰、骄傲等；对现在的积极情绪体验有快乐、幸福、轻松等；对未来的积极情绪体验有憧憬、乐观、信心等。心理学界对积极体验的概念存在争议，争议的重点集中在对"积极"的理解上。一些专家学者认为，"积极"是一种具备正向价值的、带有愉悦特性的情绪。而另一些专家则认为，积极情绪是指能够激发人产生积极倾向或积极行为的情绪，不一定具备正向价值。目前，持第二种观点的人较多，并且第二种观点更加准确、具体，所以，积极体验就是能够激发个体产生接近积极行为或具备积极行为倾向的情绪体验。

其实，人们在日常生活中都有过积极体验，但是因为缺乏专业指导，很多人对积极体验并没有提起重视，积极体验的功用没有充分发挥出来。但在积极心理学的引导下，积极体验逐渐被人们认识，其功用逐渐显露出来。

(一) Flow

"Flow"是积极心理学提出的积极情绪体验的一种。目前在国内，对于"Flow"还没有统一的翻译，任俊将其翻译为"福乐"，这也是目前接受度较高的一种说法，此外还有"沉浸""心流"和"流畅感"等说法。

1. Flow 的内涵

20 世纪 60 年代，心理学家希卡森特米哈伊在他的博士论文中使用了"Flow"一词。他选取了几百名普通人进行访谈，这些人来自各行各业，但毫无例外都在所从事的行业中表现出了超强的毅力，如国际象棋选手、艺术家、运动员、极限运动爱好者等。通过访谈，希卡森特米哈伊发现，这些人之所以能在自己的行业中表现出非凡的毅力，是因为他们在从事行业活动过程中获得了兴奋的、愉悦的情绪体验，这种情绪体验让他们保持了对行业的热爱。这些受访者们使用隐喻的手法将这种情绪体验称为"Flow"，认为这种情绪体验的出现非常自然且毫不费力，并能不断地涌现出来。希卡森特米哈伊根据访谈结果提出了"Flow"这个全新的概念，并做出了定义。他认为，"Flow"是人们对事物或活动表现出的浓厚兴趣以及能促进人们全身心投入事物或活动之中的一种兴趣体验，它是包括兴趣、愉快、兴奋等情绪成分的综合情绪，并且这种情绪体验是活动本身引起的，而与其他外在的目的无关。从希卡森特米哈伊对"Flow"的定义我们可以发现，Flow 的内在含义是一种快乐的心理状态。

2. Flow 的特征

自从希卡森特米哈伊提出了 Flow 的概念之后，许多心理学专家和学者对其开展了研究，并取得了许多研究成果。通过对这些研究结果的整理、综合与分析，可以推断出个体在 Flow 状态下表现出的特征如下：①个体的注意力基本上全部放在事物或活动上；②个体的意识与正在观察的事物或从事的活动合二为一；③个体会暂时性地失去一些自我意识；④对自己当前的状态和行为的掌控能力有清晰的认识；⑤个体会暂时性地出现体验失真；⑥获得活动体验是个体参与活动的内在动机，完成活动往往是完成活动的最佳理由；⑦活动过程中的反馈都是直接的即时反馈，活动的每个环节都是对上一活动环节的反馈；⑧个体所感知到的活动挑战性与其自身具备的技能水平间具有平衡性；⑨个体具有明确的活动目标。因此，上述 9 个特征综合在一起就是 Flow 的状态了。

3. Flow 状态产生的条件

如果个体想获得 Flow 的状态必须具备下述三个条件。

1)拥有自带目的性人格

从上述 Flow 的状态特征我们可以发现，能获得 Flow 状态的事物或活动，其本身具备的结构性特征并不是促进个体获得 Flow 状态产生的全部条件，还需要个体拥有自带目的性人格。当个体具备这种人格时，个体是否参与活动与外在的目的关联性较小，主要取决于自我原因。同时，具备这种人格的个体拥有更加旺盛的求知欲和好奇心，在生活中常常展现出充足的耐心和坚持，自我的内在动机会时常对个体行为做出自我肯定和自我奖赏，因而更容易获得 Flow 状态。

2)挑战与才能相互平衡

从 Flow 状态的特征可以看到，个体感知到的挑战与自身具备的才能之间一直处于平衡中才能获得 Flow 状态。这里所说的挑战是指个人在活动中通过个人努力克服一定困难，能够完成一个任务或者胜任一个活动；才能是指参与活动必备的知识、技能、技巧等。当个体感知到的挑战与自身具备的才能达到平衡状态时，个体才能获得 Flow 体验。换言之，个体通过努力完成了相应的任务或挑战就会进入 Flow 状态。

在实际生活中，挑战和才能往往是不平衡的，所以，Flow 状态也是经常变化的。例如，不会驾驶的人通过学习获得了驾驶证，学会如何驾驶汽车，就会产生 Flow 状态。但人学会驾驶后，随着驾驶次数越来越多，单纯的驾驶活动就无法使人永远保持 Flow 状态。事实上，Flow 是促进个体不断进化、不断发展的动力，当个体在 Flow 的状态中不断进步，又在脱离 Flow 状态的时候探索新的挑战。一些活动之所以不能使个体产生 Flow 或短暂地产生 Flow，是因为活动本身的挑战度存在差异。活动的挑战度是指，在个体自身才能范围内，活动本身的挑战难度与参与活动的个体之间的梯度，梯度越大活动的挑战度越高，梯度越小活动的挑战度越低。但要注意的是，并不是挑战度越高，Flow 的体验感越强。如果活动的挑战度远超个体的能力范围，那么这个互动对于个体而言就不具备可参与性，自然不会产生 Flow 体验。所以，要想获得 Flow，就需要挑战与个体才能达到平衡状态。

3)活动应具备结构性特征

尽管如上面所言，活动的挑战度与个体才能达到平衡才会进入 Flow 状态，但这并不是说所有具备挑战性的活动都能使个体产生 Flow。能让人产生 Flow 的活动必须具备结构性特征。这里所说的结构性特征是指活动应具有明确的目标、规则、评价标准等完备的活动系统，既具有可操作性，也具有可评判性。像体育活动、艺术活动、棋类比赛等这样的活动，都具有结构性特征，因而也最容易产生 Flow 体验。

（二）主观幸福感

幸福是一种主观性极强的情绪体验，是一种使人感到心情舒畅和愉悦的生活状态，是个体根据自己的标准对自己的生活水平和生活质量作出评价后的主观体验。

1. 主观幸福感的概念

积极心理学认为，主观幸福感指个体主观上认为自己当前的生活状态与自己设想的理想的生活状态基本一致所产生的肯定的态度与感受。换句话说，主观幸福感包括两方面内容，一是对自己当前所处的环境、生活状态以及周围相关事件都有一个比较满意的认知和评价；二是自己对外部环境和事物在情绪体验上的主观认同。所以，积极心理学认为，主观幸福感是积极体验的核心，也是人对生活的最高追求。

2. 主观幸福感的特点

1）强烈的主观性

是否能产生主观幸福感取决于个体内心制订的标准，而不是其他人的标准。即便不同的人拥有同等程度的主观幸福感，但每个人内心的标准可能完全不同。所以，就算健康、金钱等客观因素能使人产生幸福感，但这些客观因素并不是主观幸福感产生的内在因素。

2）两维性

主观幸福感有两个维度的情感体验，即积极情感体验和消极情感体验。过去很长一段时间，心理学家认为积极情感和消极情感是此消彼长的，积极情感越多，消极情感就越少。然而，近年来的心理学研究证明事实并不是这样。积极情感体验和消极情感体验是两个不同的维度，积极情感的多寡并不能决定消极情感的数量。

3）整体性

主观幸福感来源于个体对生活状态的整体性评价，个别生活领域的评估不能作为主观幸福感的来源。成年人的生活构成比较复杂，包括职业生活、家庭生活、社会生活等多个领域，主观幸福感不是单一领域的，而是取决于多个领域的整体感受。

3. 影响主观幸福感的因素

主观幸福感是完全属于个体的主观的情感体验，取决于个体对幸福的理解和对当前生活状态的整体性评价，但是，通过心理学研究还是探索出了一些影响主观幸福感的重要因素，这些因素来源于人的不同生活领域，主要包括下述三个方面。

1）家庭因素

家庭是人多个生活领域中最稳定的、互动最频繁的部分，因此对主观幸福感的产生有重要影响。在家庭因素中，个体与家庭成员之间的关系以及较为重要的家庭事件都能对主观幸福感产生影响。

2）工作因素

工作是个体生活的重要内容和组成部分，工作生活占据了一个人一生中的大部分时间，工作收入是大多数人主要的物质来源。所以，工作因素对个体的主观幸福感同样具有重要的影响。

3）人际交往因素

人都是生活在一定社会环境中的，必然会与社会上的其他人产生交集，产生社交关系。所以，人际交往也是能对主观幸福感产生影响的重要因素。良好的人际关系能让人感到舒服、安逸和安全感。通过正常交往建立的情感比较稳固，在交往过程中能使人产生愉悦的情绪。当人身处困难之中友情能雪中送炭，当人孤独寂寞时友情能给予温暖。人在拥有稳定且深厚的情感时，通过这种情谊萌生出的归属感、愉悦感才能使人产生幸福感。

4. 主观幸福感的培养

1）保持乐观自信的心态

乐观而自信的心态是个体能长久地拥有愉快感的重要基础。假如个体在内心中常常否定自己，那么即便个体拥有优渥的物质生活，取得了一些人生成就，也无法从根本上获得快乐和幸福。相反，假如个体在内心中始终对自己持肯定的态度，相信自己通过努力能够完成一切挑战，那么即便个体身处困难之中也不会丧失信心和斗志，懂得知足和满足，这样的人自然更容易获得主观幸福感，且拥有比较强的主观幸福感。

2)保持健康

保持健康是获得主观幸福感的主要条件。保持健康看起来很简单，但需要人拥有较强的自律性，懂得规划自己的各种事务。一个人要想保持健康，拥有健康的生活方式是重要基础。健康的生活方式包括良好且规律的生活习惯、科学合理的饮食结构、定期运动以及远离不健康的习惯，如吸烟、饮酒等。

3)建立良好人际关系

心理学家斯多葛认为，高质量的人际关系更能使人获得主观幸福感，可以通过客观和理性建立良好的人际关系。首先，要形成良好的内在品质与品格，这是提升个人魅力、长时间保持对他人吸引力的重要前提。其次，要增加社会交往，多与他人形成有效信息交流与情感沟通。在与他人沟通过程中，应尽量使用积极的方式，如面带笑容、保持正常社交距离、彬彬有礼等，这样才能提高交往的有效性。

4)有一定的爱好

爱好能成为个体情感的心灵寄托。缺少爱好的人，一旦脱离了工作进入家庭生活或社交生活中，就会显得无所事事，工作之余的休闲时间大多被虚耗和浪费，所以，这类人常感叹生活的枯燥和烦闷。可见，缺少爱好会使人感到无聊和寂寞，自然很难获得主观幸福感。

（三）生活满意度

回忆是形成生活满意度的基础，所以，生活满意度就是人对过去生活的自我阐释。可以说，除新生儿以外的所有人都具有回忆，每个人对自己曾经的生活都有满意度，只是程度高低不同而已。要获得主观幸福感，就要正确看待和理解自己的过去，提高生活满意度。

生活满意度是衡量个人生活满意的标准，也叫生活满意基准线。生活满意基准线低的人，其包含范围相对较小，对环境和生活的要求较高，很难达到满意程度。生活满意基准线较高的人，其包含范围相对较广，很容易对大部分环境和生活感到满足和满意。有的心理学家将生活满意点叫作生活满意的回归线，当个体经历消极体验后，短时间内会出现一些消极情绪，心理状态也会受到影响。经过一段时间后，个体的心理状态会逐渐恢复，慢慢回归到原来的生活满足基准线附近。相反的，当个体经历积极体验后，短时间内会出现一些积极情绪，经过一段时间后，个体的心理状态会逐渐恢复。

个体过去的生活经历与其先天的某些生物特性相结合构成了一个人的生活满意度，不同的生活满意度对我们的现在和将来都发挥重要作用。不同的人之所以有不同的生活满意点，主要有以下两个原因。

生活满意度是由人的生活经历以及自身具备的一些生物特性构成的，生活满意度的高低对人们现在与未来的生活都有重要影响。每个人的生活满意度都不同，一方面是因为每个人的生物因素存在先天性差异，另一方面是因为每个人的生活经历和生活体验各不相同。生物因素来自父母，这是人在出生之前就确定了的无从更改，后天或许能对生物因素产生一定影响，但无法形成巨大改变。

需要注意的是，生活事件本身并不能对人的生活满意点直接产生影响。但人在经历过生活事件后，事件过程或其他元素被人的大脑记录并加工，那么在大脑加工事件的过程中就会产生相应的情绪体验，这样才能对人的生活满意度产生影响。情绪体验是人的主观性感知，换言之，个体可以选择感受外在事物的方式，是用积极的态度看待事件还是用消极的态度对待外界事物，都由个体自己做主。但是，人脑加工事件的过程要排除那些极端事件，即对人情绪产生剧烈影响的外在事件，如至亲死亡、发生意外等，因为这些极端事件刺激性较强，与人的原始情绪息息相关，一旦发生就能立即使人产生相应的情绪，所以能够不通过大脑的加工直接影响人的生活满意度。

生活满意度不是恒久不变的，会因为个体的生活体验不断积累和丰富而产生变化。例如，当个体在很长一段时间都处在满意的状态，就会逐渐失去对满意的敏感度，长此以往，就很少表现出满意的体验。这时候，即便与过去相同的事件出现，也很难对个体产生与原来相同的影响，个体也不会再表现出满意的情绪。

二、积极体验的意义

著名心理学家苏霍姆林斯基提出了积极体验对人的重要作用，认为积极体验的积累能促进人的良好品格发展。从德育角度来看，积极体验能让学生获得愉悦感和满足感，能够缓解学生的心理压力。在课堂教学过程中，学生感到轻松和欢乐才更愿意主动参与其中。此外，积极体验还能够满足学生的心理需要。马斯洛认为人有七种基本需要，当代学生基本上已经满足了生理需求和安全需求，但像尊重的需求、美德需求、自我实现的需求等较高层次的需求却很难被满足，甚至被忽视。积极体验不仅能让学生获得积极的情绪体验，也能在体验过程中感受到爱与尊重，获得归属感和成就感。

第六章 职业学校积极德育模式的实现途径之积极体验

积极德育认为，积极体验是培养学生积极品质的有效途径。学生通过不断的积极体验能对自己提出更高的要求，产生取得更高成就的自我意愿，而这种来自学生自身的意愿更具亲和力，更能被学生认可和接受，进而通过内化与发展，最终形成较为稳定的人格特征。

（一）积极体验能促进学生良好道德品质的提升

在道德理论和知识的传递过程中，如果学生对这些内容没有产生相信、赞赏、认同等情形体验，那么这些内容教师讲多少次对于学生而言都是外在的内容，不会被内化为自身情绪体验。只有学生发自真心的认同才能产生积极的情绪体验，真正地理解这些内容的意义和价值，最终内化为个人的道德品质和行为准则。

学生在道德实践过程中，遇到了某些困难或者挑战，并伴随有积极的情绪体验，那么学生会把这些困难或挑战看成是促进自己进步的挑战，是实现自我完善与自我提升的机会，并在突破困难或完成挑战的过程中不断获得积极的情绪体验，最终促进自己优良道德品质的形成与发展。

关于积极情绪如何促进学生产生自律的心理机制问题，可以从情绪心理学通过情绪充予探讨自律的心理机制进行探讨。人之所以产生自律，是因为一些特定行为能带个人某种性质的情绪体验，或引发某种情绪性的结果，使行为与情绪之间形成较为稳定的条件性联系，具体表现在该特定行为被充予了某种性质的情绪，或者被某种情绪定性，当个体再次出现特定行为时就会产生相应的情绪体验，对人的行为产生内在的调节和强化作用。所以，如果学生的某些行为经常能收获教师和其他学生的赞赏、肯定与认可，学生就会将满足、骄傲、自信、感恩等情绪充予到这些特定行为中；如果学生的一些行为经常被教师和父母批评、指责、惩罚，学生就会将悔恨、惧怕、愧疚等情绪充予到这些特定行为中。一些行为被情绪充予后，当人再次出现这些行为时就会产生和原来一样的情绪体验和联想，人会因为曾经体验到这种情绪性后明白这些行为是否应该继续进行下去，并明白其中的原因或道理。所以，在德育中，教师要先"动之以情"，才能更好地"晓之以理"，这也是积极情绪体验是提高德育实效性的心理基础的原因。

从情绪充予的原理和机制我们能够发现，人们总是希望能够实施带有积极情绪体验的行为，避免产生伴随消极情绪的行为，这就是道德行为中自律的体现。但需要注意的是，尽管消极的情绪体验会抑制良好道德品质和道德行为的形成，

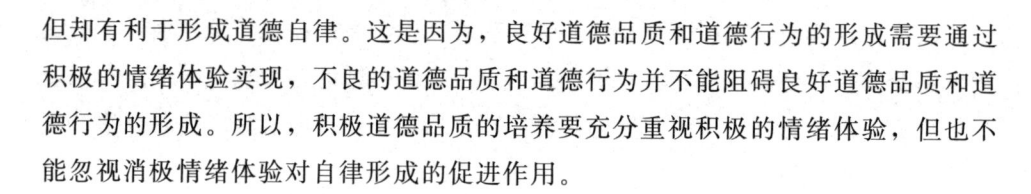

但却有利于形成道德自律。这是因为，良好道德品质和道德行为的形成需要通过积极的情绪体验实现，不良的道德品质和道德行为并不能阻碍良好道德品质和道德行为的形成。所以，积极道德品质的培养要充分重视积极的情绪体验，但也不能忽视消极情绪体验对自律形成的促进作用。

（二）积极情绪体验有利于积极人格的形成与培养

积极心理学家弗雷德里克森通过对积极情绪体验的作用机制进行了大量的实证研究后，提出了积极情绪扩建理论。她认为，人的行动范畴是能被拓展的，而促进行动范围拓展的因素就是积极情绪。一方面，行动范畴的拓展为个体的发展提供了建设可持续性个人资源的可能；另一方面，从积极情绪体验到积极行为的形成，这个过程中促进了个体的成长与发展。像欣赏、感兴趣、喜欢等表面上看起来比较分散的积极体验，都能促进个体的思想与活动指令系统在某个时刻得到了增长与扩张，即个体的执行系统具有积极的特性，所有，这些分散的积极情感体验也能促进个体形成有助于思想和行为进步和发展的社会资源和心理资源，最终形成积极的人格。

（三）心理享受有利于积极品德的形成

积极心理学的观点认为，心理享受比感官愉悦更有利于促进个体积极品质的形成和发展，所以，心理享受是促进个体形成积极品德的核心要素。

前面我们讲过，感官愉悦和心理享受一样都是积极体验的一种，相互之间存在一定联系，但又明显的区别。通常情况下，感官愉悦和心理享受会同时出现，并相互促进。心理享受能增强感官愉悦，而感官愉悦的增强能够促进心理享受的形成。感官愉悦是感觉类的心理现象，是人对外部刺激的直接感官反应，是不需要认知和评价参与其中就能获得的积极体验。心理享受是知觉类的心理现象，外部的刺激并不能直接触发心理享受，需要个体通过认知和评价才能形成心理享受。一般情况下，感官愉悦维持的时间比较短，并且随着外部刺激逐渐减弱和消失，感官愉悦也会渐渐变弱直至消失；心理享受维持的时间比较长，并且可以被个体迁移到其他场景中。从感官愉悦和心理享受的区别我们可以发现，心理享受的心理机制更加复杂，需要个体的认知和评价参与其中，与心理因素的关系相对更加密切。所以，心理享受更有利于促进积极道德品质和行为习惯的养成。在德育中，教师应尽可能采取积极的教育方式和方法，使学生能切身实际（或对他人感同身受)对道德品质和道德行为产生赞美、欣赏、赞同、认可、愉快等心理享受，促进个人道德品质的提升和良好道德行为的培养。

第二节　职业学校积极德育模式中积极体验的实践探索

一、职业学校学生积极体验的现状

由于积极德育引入我国时间较短，国内专家和学者对其研究仍不够深入、透彻，在职业学校中的应用也存在诸多问题。从整体上看，造成问题出现的原因可以从内部因素和外部因素两方面分析。从内部因素来看，学生的人格特质、价值观念、自我效能感以及归因方式等都对学生的认知和心理健康发展造成影响。从外部因素来看，学生的家庭教育方式、家庭生活状况、父母的道德水平、学生个人人际关系等都会对学生的道德发展和心理发展造成影响。综合职业学校学生积极体验的问题和原因，我们做了以下总结。

（一）女生的积极体验高于男生

从积极体验效果的整体来看，女生的积极体验普遍高于男生。在对生活满意度方面，也是女生要高于男生。产生这种差异的最主要原因是女生和男生在家庭生活中承担的角色不同。受传统思想影响，男生被认为是家庭的顶梁柱，需要为家族传宗接代、光宗耀祖。家庭生活和社会生活的双重重任压在肩上，使男生的危机感普遍高于女生。此外，随着社会经济的发展，家庭生活水平和生活质量大幅度提高，许多男生从小娇生惯养，没有经历过挫折和磨难，抗打击能力和受挫能力较弱，在生活中遇到较大困难就很难走出困境，不知如何解决。而男性自尊使得他们中的大多数人不愿意主动寻求帮助，又一时找不到解决办法，常常烦恼缠身，从而影响了积极体验的结果。

（二）性格外向的学生的积极体验高于性格内向学生

性格变量也能影响学生的积极体验。从整体上看，性格外向的学生的积极体验较多，性格内向的学生积极体验相对较少。性格外向的学生通常善于表达自己,具有较强的沟通能力,能够通过谈话、交流的方法抒发和缓解自己的心理压力。而性格内向的学生大多不善言辞,不会表达自己,缺乏与周围人的沟通与交流,遇到问题常常压在自己心里,不愿向他人倾诉,因此受心理压力困扰的时间相对较长,更容易产生抑郁等心理问题,影响积极体验的效果。

(三)高年级学生的积极体验高于低年级学生

年纪变量上的差异也能对积极体验造成影响,高年级学生的积极体验要高于低年级学生。这是因为,高年级学生的生活经历和经验普遍比低年级学生更加丰富,高年级学生参与的学校生活、实习生活、社会生活、社团生活等更多,经历的磨难和积累的经验也更多,再加上临近毕业,学校的管理与约束以及学习的压力即将结束,社会身份逐渐转变,这些都使高年级学生对未来生活产生憧憬和向往。而低年级学生仍在从家庭生活向职业学校生活转变的适应期,需要熟悉新的生活与生活环境,建立新的人际关系,适应期的陌生感和必要的摩擦必然会对积极体验造成影响。

(四)班干部的积极体验高于一般学生

班干部被教师委以重任,在班级中拥有一定的权利,这是教师和其他学生对班干部的肯定,增强了班干部的自信心。并且,班干部的班级角色更加重要,会使班干部在心理上产生满足感和自豪感。此外,班干部在行使权力的过程中,能够感受到自信和权威,在一定程度上增强了积极体验。一般同学在班级中是被管理的群体,在被教师和班干部管束的过程中,会产生不自信、被否定、被压制等情绪体验。此外,一般学生在日常学习生活中展示自我的机会相对较少,获得积极体验的机会也较少。

(五)受过奖励的学生的积极体验高于没有受过奖励的学生

学校奖励尽管不能对学生物质和精神生活带来巨大变化,但其对于学生的意义非同凡响。奖励代表着肯定、赞赏与认可,获得奖励的学生在心理上产生巨大的满足感。这种满足感会使学生更加自信、自尊,激励学生在未来的学习和生活中拿出更加积极的态度,因而获得积极体验也会更多。

(六)有爱好特长的学生的积极体验高于没有爱好特长学生

通过积极心理学做的大量研究发现,各类爱好特长中,获得积极体验最多的是体育，其次是音乐和美术。从整体上看，拥有一定爱好特长的学生能获得更多的积极体验。爱好特长是提高个人素质和高尚品味的重要途径。拥有一定的爱好特长会使人更加自信，特别是通过爱好特长取得一些成就或完成一些挑战时，使人获得满足感、自豪感和成就感。此外，爱好特长能帮助学生释放压力，舒缓情绪。

（七）经常参加体育运动的学生更能获得积极体验

上面提到过，在众多爱好特长中体育运动获得的积极体验更多。单次运动的时间长短也能对积极体验造成影响。其中，活动时长达到60分钟及以上获得的积极体验最多，其次是30~45分钟、16~30分钟、15分钟及以下、46~60分钟。职业学校学生正值青春年华，精力旺盛，适当参加体育运动既能增强体质，又能释放压力，获得更多积极体验。

（八）人际关系好的学生的积极体验高于人际关系差的学生

在职业学校学生的人际交往中，同学关系是最基本的、往来最密切的人际关系，能直接对学生的情绪造成影响，进而影响学生的积极体验。处理好同学关系，建立和谐、友善、健康的同学关系网，提升幸福感。此外，师生关系也能对学生的情绪稳定产生直接影响。与教师建立良好沟通关系的学生，更容易得到教师的理解和尊重，在学习和生活中也能得到教师更多的帮助与指导，从而提升积极体验。而那些未能与教师形成良好沟通的学生，一旦与教师之间形成误解，就很难将其消除，长此以往，师生关系就会僵化，学生也失去了和教师建立良好关系的欲望，从而降低积极体验。除此之外，家庭关系对学生心理和情绪的影响也不容忽视。家庭关系和睦融洽的学生积极体验相对更多。

（九）学习成绩好的学生的积极体验高于学习成绩差的学生

从对生活的满意度来看，学习成绩较好的学生对生活的满意度更高，积极体验相对更多。这是因为许多学校仍受传统思想影响，学习成绩较好的学生能够获得更多的关注和老师的青睐，积极体验也更多。然而对于职业学校学生来说，最重要的并不是学习成绩，而是在未来能够承担岗位职责，在工作中实现自己的人生价值。学习成绩只是一项评价标准，并不能证明学生的能力和道德水平。能力和品德的培养需要通过实践实现，光靠书本学习很难达到理想效果。所以，在德育过程中，教师应给予学习成绩较差的学生更多关注，引导他们发现自身的长处和潜能，增强自信心，提高积极体验。

二、职业学校学生积极体验的实践探索

积极心理学认为，积极体验是能被控制的。一方面，当个体自身的优势和潜能被更多的发现、挖掘和运用，就能激发个体积极因素的产生，从而提高积极体验；另一方面，通过构建积极的外在环境和组织系统也可以促进学生积极因素的产生。社会意识取决于社会存在，无论是普通学校学生还是职业学校学生，都是生活在一定社会背景下，思想中带有明显的时代烙印，这是没办法改变的。所以，要提高学生的积极体验，就要学校和家庭努力为学生创造正面的、健康的外部环境，对学生的心理环境进行干预；更重要的是，学生内在积极因素和积极潜能的挖掘和激活。除此之外，职业学校学生的积极体验具有特殊性，所以，职业学校要结合这个特殊性为学生提供更具针对性的积极体验。要改善或强化学生与家庭之间的良好联系，增强学生对积极体验的敏感度和感受力。同时，要重视学生的心理健康教育，正确认识心理健康与身体健康是积极体验不可或缺的重要基础。积极体验的重点在于学生自身，是否能够主动参与积极体验、是否能在积极体验中获得更多的情感与感悟等，这些都会对积极体验造成较大影响。教师要重视对学生情绪的引导与管理，关注学生身心发展，为提高学生的积极体验保驾护航。

（一）保持身心健康，夯实基础

现代社会对于健康的解释不仅包括生理上的健康，还有心理上的健康和有质量、有意义的生活。健康并不单纯的指没有身患疾病、身体不虚弱，健康代表的是生理、心理以及社会关系上的良好状态。国家十分关注职业学校学生的健康情况，但从我国国民体质监测结果来看，职业学校学生的健康状态近年来有所下降，特别是心理健康方面，问题较为突出。主要表现为学生整体心理素质不高，易产生心理问题，以及学生生命活力维度指标相对偏低，缺乏健康的生活娱乐模式，学生对人生意义的感悟不深刻，过于追求物质生活质量的提升，忽视了精神生活的丰富。所以，学校和社会各界应对职业学校学生心理健康给予广泛关注，引导学生参与健康的生活休闲娱乐，树立正确的世界观、人生观和价值观，领略生活和生命的深刻意义与价值。

第六章　职业学校积极德育模式的实现途径之积极体验

此外，职业学校在心理健康教育上的价值取向上也存在问题，偏离了积极心理学的价值取向，侧重于对学生心理问题的预防和治疗，忽视了对正面的、健康的心理建设。职业学校的心理健康教育要始终保护教育目标的方向，回到心理健康建设的本原，重视教育的育人功能和价值，引导学生建立积极的、正面的价值取向。要提高学生的健康状态，引导学生形成规律的、积极的、健康的生活，学校应重点加强以下几点：重视素质教育，实现学生德、智、体、美、劳全面发展；养成学生加强体育锻炼的意识和习惯；重视并加强心理健康教育，提高学生的心理健康水平，并掌握自我排解、自我疏导、自我心理建设的知识与方法；引导学生树立正确的健康观念，发展健康的、正面的生活休闲娱乐，增强学生对生命意义与价值的认识和理解。学校从观念到行动上的重视为学生保持健康体魄和健康生活提供了良好的条件，其中，重点是对学生健康观念的形成和培养。首先，应引导学生对自我和社会现实形成正确的、客观的认识，能够以较为理性客观的观点看待问题；其次，要提高学生控制情绪的能力、自我调节的能力，从整体上提高学生自律、增强自我控制的能力；再次，培养学生的沟通能力人际交往能力，帮助学生建立和谐的、良好的人际关系；最后，激发学生学习的主观能动性和对现实生活的憧憬与热情，树立健康、高尚的生活追求。

（二）提供展现平台，丰富获取途径

职业学校应尽可能为学生提供更多的展现自我的平台，即为学生创造更多实现自我价值的机会。学校可以通过各种展示平台，帮助学生挖掘自身优势和自我潜能，锻炼学生的各项能力，从而促进学生综合素质能力的全面提升，提高学生的积极体验。各种形式的活动是职业学校开展德育的重要方式。活动能让德育内容"生动"起来，学生在参与活动的过程中潜移默化的受到影响，并且，学生在参与活动时的主体化地位更强，能主动调动思维进行思考，实现了德育和自我德育的统一。职业学校要注意把控活动的理念和内涵，开展科学的、正面的、健康的学生活动，促进学生的全方面发展。

职业学校方面，要树立科学的、先进的活动理念，丰富活动的内容，优化活动方式和活动途径，还应注意下述几点：第一，以积极德育的理念为活动指导思想，活动侧重挖掘学生的自身优势和潜能，以培养学生的积极品质和行为习惯为活动宗旨；第二，活动内容要贴近现实，以学生的自身实际、学习实际、生活实际为出发点，活动形式尽可能采取学生熟悉的、喜闻乐见的形式开展，提高学生对活动的接受度和参与积极性；第三，活动应具有连贯性，自成体系，增强学生在活动中的积极体验。

在具体的德育工作中，学校和教师要重视职业生涯教育，让学生认识到人生规划和职业规划的作用和重要性，帮助并引导学生做好人生规划和职业规划，使学生对未来的人生道路和发展方向有一个清晰的认识；引导学生有意识的提升自己未来人生和职业发展的关键能力和必备能力；关注学生的心理健康，帮助学生正确看待现在和未来的关系，学会珍惜现在才有机会展望更好的未来。

（三）创造良好家庭环境，提升感悟能力

家庭环境是提升学生积极体验的重要保障。对于职业学校学生来说，积极体验主要来自学校和家庭，家庭是学生获得积极体验的最初环境，这也是大多数学生重视家庭、将家庭因素放在首要位置的原因。尽管进入职业学校后，学校生活占据了学生大部分的生活，是学生收获知识、实现自我成长、获得肯定、进行休闲娱乐活动的重要场所，但家庭对学生的影响起源于幼年，对学生的影响是根深蒂固的，是陪着学生一同成长的。家庭关系对学生婚恋观的形成和积极体验的感悟有直接影响。除此之外，家庭是学生步入社会、正式独立之前的唯一物质保障，家庭的经济状况也会对学生的积极体验产生一定影响。学校与家庭应联合起来，共同为学生搭建一个相互支持的外部环境系统，学校教育和家庭教育在内容和方式上尽量互有衔接。对于学生的家庭来说，应为学生提供稳定的物质保障，不让学生在学习中受家庭物质生活水平的困扰。更重要的是，要为学生创造一个和谐、温暖、充满爱的家庭氛围，让家庭因素成为学生努力生活和学习的动力，减少学生在职业学校期间对家庭的困扰和担忧。

家庭环境氛围不只有物质环境，精神环境对学生的心理发展和品德形成更加重要。家庭环境是提高学生积极体验的重要基础。物质环境主要指学生的居家环境状况，精神环境主要是父母与子女之间的关系。安全、清洁、稳定的居家环境能对学生的世界观产生影响。而和谐温馨的家庭关系能让学生树立正确的人生观和价值观，更能在生活中发现美、欣赏美、创造美。学生对积极体验感悟的强弱主要取决于其自身对积极体验的数量以及对生活幸福的评价标准和理解角度，而学生对幸福的定义和积极体验的数量又在很大程度上受家庭环境的影响。生活在和谐、美满、民主的家庭环境中，相对的积极体验更多。家庭教育培养了学生对幸福的理解能力和感悟能力。

第六章　职业学校积极德育模式的实现途径之积极体验

所以，家庭除了为学生提供稳定的物质保障外，还应注意建立和谐良好的家庭情感联系和民主、开放的家庭氛围，培养学生的世界观、人生观和价值观。在必要的时候，家庭应与学校建立密切合作，强化家庭与学校之间的组织系统，为培养学生积极的道德品质和行为习惯共同努力。父母作为学生的"启蒙教师"，首先，应该树立科学的教育观念，重视学生道德品质的培养和人格的形成，提高学生的生存能力；其次，要树立正确的价值观，以身作则，成为学生道德教育的榜样。除此之外，学校也应主动加强与学生家庭的联系，特别是与那些经济条件或家庭关系较为紧张的家庭建立紧密联系，了解和关心这些学生的家庭存在哪些问题，必要时还可为家长提供帮助和指导。许多家庭为了给学生创造更好的物质生活条件而忽视了对学生情感的关怀，这就需要学校对学生实施情感干预，补足学生对情感的需求。学校要通过德育帮助学生明确当前人生阶段的主要任务，通过自我成长和自我完善获得精神上的满足，树立正确的三观，并通过实践活动提升各项能力，丰富积极体验。

（四）营造积极人际氛围，改善生活条件

人必须要生活在一定社会背景下，必然会与一定社会背景下的其他人产生交集，形成人际关系。所以，人际关系对个体的积极体验具有重要影响。积极体验其实就是人对外部环境和事物的自我评估，是人对整个社会的认同感、信任感、一致感和贡献感。尽管对学生积极体验产生影响的是其所处的社会大背景，但也不能否定学生学习和生活都密切相关的校园环境和校园人际关系对学生积极体验的重要影响。大多数职业学校仍采取封闭式管理，学生能接触的外界社会有限。其实，校园内就是一个社会微缩，这个微缩社会环境的氛围也会对学生的积极体验产生影响，只是与大的社会背景和时代背景相比，校园环境在一定程度上是可控的，能够进行调节的。所以，要提升和学生的积极体验就要从校园环境氛围入手，增强学生对学校的认同感、信任感、一致感和贡献感，激发学生自我发展和团结协作共建美好校园的内在动力。校园文化是校风的浓缩和净化，正面、积极的校园文化在一定程度上为学生搭建了良好人际关系的环境氛围。校园文化大体上可以分为两种类型，分别是学生文化和校园生活。学生文化以学生的休闲生活为背景，主要是由学生组织和团体组织的学生活动和社团活动；校园生活包含的内容范围较广，是校园内全体人员的物质生活和精神生活。换言之，校园文化由校风、文化活动和文化环境构成。所以，学校要建设正面、积极的校园文化环境

就需要从这三方面着手,校园全体人员共同营造一种朝气蓬勃、欣欣向荣的环境氛围,增强学生对学习的认同感和归属感,并树立正确的人生理想,对未来生活充满向往。

此外,在环境建设的过程中不能忽视对学生心理健康的发展和保护,帮助学生正确处理学习和生活中的各种问题。目前,困扰职业学校学生的主要问题是人际关系问题、学业问题、情感问题和求职与择业问题。其中,人际关系问题和情感问题是困扰学生的主要问题。对职业学校而言,要紧跟国家的教育要求和学生的实际需求,以科学的、现代的、积极的教育理念为指导,重视学生的心理健康发展,完善学校心理健康辅导和咨询系统。开设心理健康课程和心理咨询师是当前最主要的方式和途径。通过完善的教育和科学的心理辅导培养学生的优良道德品质,使学生能在未来的生活和工作中凭借自身优势和力量抵挡各种心理压力和心理困扰。

具体来说,学校需要通过有效的积极心理学辅导练习培育学生的感恩品质,挖掘学生的突出优势,以及他们的积极主动式回应思维与行为等,使他们自身长期具备实现幸福生活的能力。同样,面对目前各职业学校学生心理危机严重的事实,学校更要做好积极心理预防工作,使学生对什么是心理危机、心理危机的症状表现、如何进行自助和他助等问题有清晰的认识。学生自己要树立为构建积极校园环境做出贡献的意识,同时培养自己建立良好人际关系的能力,并勇于和积极参与学校组织的积极心理辅导活动,在活动中获得成长。

(五)建立情绪疏通机制,实现可持续发展

学生获得积极体验后会产生正向情绪或负向情绪的外在表现,从情绪的稳定性和正负特性能够看出学生的积极体验状态,正向情绪更有利于促进学生积极体验的强化与增长。幸福生活是每个人的追求,在实现这个目标的过程中会产生各种各样的情绪体验,正向情绪能促进积极体验的提升,消解负向情绪能够降低对积极体验的阻碍,因此,正向情绪的积累十分重要。正向情绪积累大多数的人更容易获得积极体验,并能在积极体验中得到较大的提升。职业学校的学生目前的主要任务是掌握专业知识与技能和提高综合能力,学业问题、情感问题、人际关系问题等是当前困扰学生的主要问题。在处理这些问题过程中学生很容易产生负向情绪,如果能够正确处理这些问题,那么负向情绪很快便被消解,反之,学生就会陷入负向情绪之中,阻碍积极体验的发展。所以,学校要通过德育帮助学生

掌握一定的情绪疏通方法。情绪疏通可以分为正向情绪积累和负面情绪疏通两个角度，可以从学校和学生两个层面实施。

第一，从学校层面实施。学校应建立健全心理辅导机制，组织具有专业知识背景的心理健康辅导教师队伍，为学生提供科学的、专业的心理健康指导与咨询服务。同时，心理健康辅导要从正向情绪积累和负面情绪疏通两个角度建立情绪疏通机制，通过正向情绪体验活动、微笑课程等方式帮助学生积累正向情绪；通过心理咨询、情绪宣泄空间、情绪表达密室等方式帮助学生排解、发泄负向情绪。

第二，从在学生层面实施。通过心理健康课程帮助培养学生情绪意识，了解相关知识，认识到正向情绪和负向情绪对幸福体验感的重要影响。在积累正向情绪方面，应当向积累游戏币一样，越多越好，这也是积攒大家常说的"正能量"；而在负向情绪的疏通方面，则要自动寻找发泄的途径，男生通过运动、游戏，女生通过逛街、倾诉，方式越多样越有利于积极体验的持续。中国职业学校学生比较内敛，过于压抑是重症。如何让职业学校学生敞开心扉、自由表达是职业学校建立情绪疏通机制的重要切入点，也是职业学校学生自己走向幸福需要攻克的重要堡垒。总的来说，提升职业学校学生的积极体验，需要从影响职业学校学生不一样的因素上着手。对于职业学校学生来说，他们首先需要注重知识文化素养的培养，克服自身的一些缺陷，树立科学的价值观念。其次是积极主动去应对挑战，在实践中锻炼自己优秀的品质和人际交往能力，以及保持健康生活和情绪疏通机制模式，展现职业学校学生应有的蓬勃的生命活力；对于学校来说，学校教育都是在为成年人以后的工作铺平道路，职业学校学生主要在学校中实现社会化过程的转化。首先，学校要树立积极的教育理念，塑造积极的教育文化氛围，要求以一种积极的眼光来发现和培育学生的积极品质，训练学生积极乐观的思维，让学生在积极投入学习、享受学习乐趣过程中实现幸福。其次，通过把握学生的思想行为特点，让所做的工作积极融入职业学校学生的生活实际中，并以多样化的形式手段对他们的价值观进行引导，增强学生的学习的主动性，另外，学校要加强学生人生观、价值观的引导，培养学生树立正确科学的幸福观。最后，通过多种形式加强对职业学校学生的积极心理辅导，培育他们创造和持续积极体验的能力；对于家庭来说，家庭在提升职业学校学生幸福感过程中发挥着重要的支持作用，作为孩子"第一任教师"的父母，应转变传统的教育观念，重视孩子积极人格品质的培养，提高他们的生存能力和感悟积极体验的能力。另外，要规范自身行为，树立科学的价值观念，以积极的力量教育影响孩子。

第三节　职业学校积极德育模式中积极体验典型案例

一、基于积极教育理念下的社团工作

（一）实施背景

学生社团是一种学生组织，以满足学生兴趣爱好、丰富校园文化生活为目的，由学生自愿参与组成，学生根据社团特色自主开展社团活动。学生社团对于促进校园文化发展和丰富校园文化生活有重要作用，通过一系列社团文化活动达到提升学生团结协作的能力、与他人交流的能力的目的，最终促进学生身心健康发展，满足学生个性化发展的需求。为响应国际倡导的"积极教育"的理念，江苏省某职业学校将学校资源进行整合，促进学生组织精品学生社团，通过一系列具有思想性、趣味性、知识性和文化性的学生社团活动，丰富了学生的校园文化生活，潜移默化地陶冶学生的情操，培养了学生的创新意识和创新精神，全面提升了学生的综合素养。

（二）社团工作的主要目标

在积极教育理念指导下，学校要强化学生在学生社团中的管理作用，将社团活动与创业教育、实训教育结合在一起，通过社团活动培养学生积极健康的兴趣爱好、行为习惯和职业素养。学校要加强对学生社团和社团活动的关注和指导，了解学生的实际需求，帮助学生社团建立科学稳定的组织基础，并为学生社团提供良好的展示平台和活动平台，通过社团活动增强积极德育的影响，提高学生的生命力和创造力。

（三）实施途径

1. 修订社团章程

学生社团总章程应由校团委修订。社团总章程规定了社团活动的范围、社团组织形式、社团考评机制等，为学生社团的组织建设和良性发展提供制度保障。此外，校团委要组织学生社团内部章程的建设，如入团资格、社团组织架构、各部门职能、社团规范、社团活动章程等。

2. 成立学生社团监管机构

为了规范学生社团组织建设，保证学生社团可持续发展，学校应成立专门的学生社团监管机构，对学生社团实施统一监管，并对社团活动提供必要的指导与监督。

3. 完善社团组织机构

为了充分体现积极德育的科学理念，进一步拓宽学生在校期间的课余文化生活，促进学生的全方面发展，为学生展示个性、发挥特长提供良好的平台，学校应在准确把握国家主流文化的基础上，引导学生社团的可持续发展，可在整体上将学生社团划分为两大类。第一类为校级精品社团，由学生组织的兴趣文化社团，有严谨的社团组织架构，社团文化符合社会主义核心价值观的要求，活动有文化性、趣味性、科学性，具备较高的专业水平；第二类为院系自主社团。由院系组织成立的学生社团，结合院系专业特色和学科特色组织相关文化活动，主要由本院系学生参加。

4. 搭建文化宣传阵地

无论是社团招新还是社团活动都需要广泛宣传。学校可以在每个学期开学的时候，通过校内广播、校园网站、板报、微信公众号、官方微博等各类宣传方式帮助各学生社团招新，也可以通过这些方式宣传社团文化活动。

5. 完善社团申办流程（表6-1）

表6-1 社团申办流程

社团类型	主要做法及成效
校级精品社团	学生发起社团成立申请——校团委讨论表决——校团委完善社团机构、制度、章程——校长室审核——学校统一规划活动
系部自主社团	学生发起社团成立申请——指导教师审核确定社团性质——指导教师申报社团——校团委审核——指导教师制订相关社团的活动计划、目标——相关系部完善社团机构、制度、章程——校长室审核——学校统一规划活动

表 6-2 评价考核体系

社团类型	主要做法及成效
社团考核	每周量化考核,并在期末要进行社团成果展示,由校团委具体负责组织评比,并对评比结果为优秀的社团进行表彰
指导教师考核	指导教师根据以下内容进行考核:①工作量,根据社团组织开展活动的次数和时间进行衡量;②考勤,每周固定活动地点和时间进行考勤;③评议,评议根据社团成果展示,参考学生评议和家长意见反馈;④学校安排的演出、比赛等获奖情况

(四)社团保障

1. 经费保障

学生社团的组织经费和活动经费应纳入学校全年预算之中,结合专项经费及定向赞助,为学生社团提供稳定充足的经费保障。

2. 时间保障

院系社团活动的频次可相对少一些,每周活动一次;校级精品社团活动频次可相对多一些,每周两次或以上。

3. 政策保障

社团活动需有专业教师指导。院系社团活动可聘请本院系教师担任,提供专业指导;校级精品社团可结合社团特色尽可能聘任有专业背景的教师做指导。

二、"双轨并行·三层递进·四项结合"创业教育模式

在国家鼓励大学生创业的政策指引下,全国各地都掀起了创业的浪潮,许多学校都开展了不同层次的创业教育,特别是普通职业学校,创业教育发展速度相对较快,基本上逐步形成了具备自身特色的创业教育模式。尽管职业学校在创业教育方面取得了一定成果,然而在教育理念、师资力量、资金支持、场地等方面受限颇多,创业教育发展速度缓慢,主要表现在以下两个方面。

第一,职业学校在创业教育内容的设计方面存在问题,没有形成系统性的教学内容,并且由于创业资金不足,没有稳定的创业实践基地,学生积累创业实践的机会相对较少。

第二,尽管许多职业学校兴建了学生创业园,也引导学生进行创业活动,然

第六章　职业学校积极德育模式的实现途径之积极体验

而许多学生创业项目仍然没有专业的、系统性指导，所以许多创业项目缺乏可持续发展性，并且许多学生应对创业困难和自我学习的能力较弱，企业经营容易走入僵局。

本案例介绍的是"双轨并行·三层递进·四项结合"的创业教育模式（图6-1），以培养学生创新意识、创业能力为目的，并能为学生提供较多的创业实践机会，积累创业经验，提升学生的创业能力和心理素质，为学生解答在创业中遇到的种种问题，提高学生创业成功率。

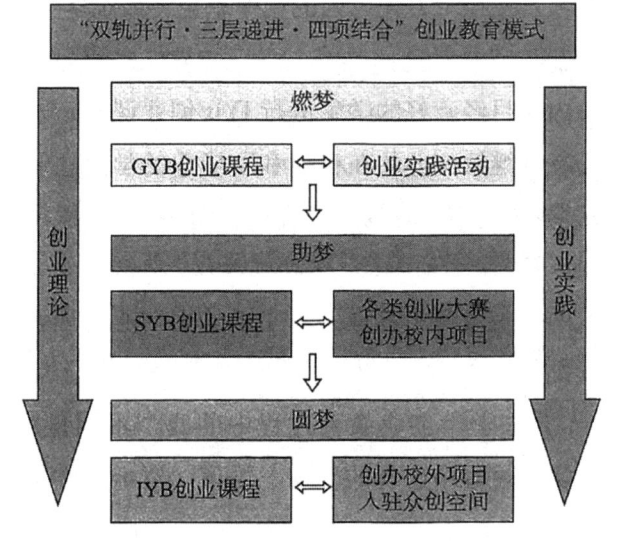

图6-1　"双轨并行·三层递进·四项结合"创业教育模式

（一）政、校、企三方共建一体化创业服务平台

学校为了支持鼓励学生创业制定了一系列鼓励政策，为学生提供一定的资金支持，如创业补贴、免息小额贷款、税收优惠等。学校可以为不同创业阶段的学生提供相应的创业教程或创业指导，并在不同班级设立创业基金，奖励优秀学员。有条件的学校可以创建创业产业园、众创空间等多种层次的创业实践场地，开展各种创业活动，如创业大赛、创业沙龙、创业论坛、项目路演等，为学生提供丰富的创业机会。此外，还应制定一系列规章制度，规范学生的创业行为。

（二）构建"双轨并行·三层递进·四项结合"创业教育模式

1."双轨并行"与"三层递进"

"双轨并行"是指创业理论和创业实践为创业教育构建的两条主线，两条主线并行,全面提高学生的创业素养和创业能力。"三层递进"是指将创业教育划分为三个阶段,明确每个阶段的教学内容和教学任务,层层递进,有序提升学生的创业能力。

1)创业意识培养课程

将创业意识培养融入教学计划,激发学生的创业意识,养成创业思维。教师在教学过程中要帮助学生筛选创业项目。同时,学校也可以组织一些创业活动,并设立一定的创业基金,学生通过参与活动赢取奖金。

2)创业项目课程

选择创业项目是学生创业过程中遇到的一大难点。学校可以收集一些学生感兴趣的、适合大学生创业的项目开展创业项目教学,帮助学生学会如何选择适合自己的创业项目,做项目评估,制订创业计划等。同时,学校可以组织创业大赛,聘请专家指导学生制订创业计划,评估项目风险和可行性。学校可对创业大赛的优秀学生给予一定创业基金,鼓励学生校内创办企业。

3)创业经营课程

学校可针对项目评估和计划良好的学生,开展创业经营课程,让学生了解企业经营的理论和方法。鼓励创业意向强烈、创业素质较高的学生继续创业,入驻众创空间,定期组织学生参与项目路演和沙龙活动,提升创业项目的活力。

在创业教育中牢牢把握理论与实践两条主线,"两手抓两手都要硬",为学生创业奠定牢固的基础,提高学生心理素质和综合素养。

2."四项结合"

"四项结合"是指在创业教育和学生创业实践中实施的"四角度"的有机结合,切实帮助学生解决在创业过程中遇到的多种问题,提高创业成功率,促进学生创业的可持续发展,为学生创业保驾护航。

1)校内与校外相结合

将校内创业与校外创业相结合,为学生提供多种创业平台和创业实践机会,满足学生的创业实践需求。校内创业规模小,针对性强,容易经营,但极易受寒暑假影响,为了应对这个问题,学校可在校外兴建一批创业实践基地,提供一些规模始终、存活率高的创业项目,鼓励学生在寒暑假期间参加校外创业实践。将校内与校外创业实践有机结合,为学生提供广阔的创业实践平台和多种实践机会,满足学生对创业实践的需求。

2）线下与线上相结合

线上经济在近十几年来发展迅速，学校可以聘请电商专业教师指导学生线上开店相关知识和技能，拓宽业务渠道，帮助学生开展多元化经营。学校还可以建立网络指导组，与本地企业开展合作，帮助这些企业做好互联网转型，为企业运营线上店铺。

3）创业与创新相结合

创新是创业和学生企业发展源源不断的动力。学校应重视培养学生的创新意识和创新能力，鼓励学生大胆创新。同时，学校每年可组织创新大赛，并设置大赛基金，为优秀创业作品提供开发资金，帮助学生将创新成果转化为商品，实现创业梦想。

4）孵化与投资相结合

学校可建设众创空间为学生提供自由公平的创业场所，并设置创业基金奖励优秀创业项目或创新设计。创空空间还可以为学生优秀创业项目争取政府免息贷款，并与地方创业投资公司形成合作，为处在不同阶段的学生提供创业者资金，为学生创业提供资金支持。

"四项结合"为学生创业提供了广阔的实践平台、专业的创业指导和稳定的资金支持，激发学生的创业热情和创新意识，提高了学生的创新创业能力，为学生创业提供稳定、全面的创业支持，为学生的创业梦想提供强有力的支持和保障。

"双轨并行·三层递进·四项结合"创业教育模式，将政府、学校和企业联合起来，共同为学生创业提供政策保障、专业指导和资金支持，逐层递进地提高学生的创业能力和创业素养，培养学生的创新意识和创新能力，从多角度、多层面、多层级上为学生创业提供恰当的指导与支持，促使学生创业稳步、有序地开展，最终实现创业目标。

第七章

职业学校积极德育模式中立德树人的探索与实践

第一节　职业学校落实立德树人的理论基础和实践方法

一、关于立德树人的几点认识和理解

（一）立德树人的历史渊源

我国从古代开始就十分重视人的德行。《左传》中有"大上有立德，其次有立功，其次有立言，虽久不废，此之谓不朽。"[①]有人解释为，修身立德、建功立业、学问有成是为人生三大至高境界，其中，修身立德是最难实现的，也是这"三不朽"中境界最高的。从字面意思上看，"立德树人"分为"立德"和"树人"两个部分，"立德"指培养良好的道德修养，形成高尚的道德品质和人格；"树人"是指培养与时俱进的人才。立德是树人的基础，没有立德，不是真正的树人；立德是树人的前提，树人是立德的结果。学生在职业学校学习期间，既是学习专业知识和技能的重要时期，也是三观形成和人格塑造的关键节点。

（二）立德树人提出的背景

立德树人源于中华优秀传统文化，是儒家伦理道德在当前时代和文化背景下的解读，是新时代教育的根本任务，具有划时代的意义和深刻内涵。道德，从古至今都一直被人们重视和强调，"修身、齐家、治国、平天下""国无德不兴，人无德不立"，能够明显看到，道德无论是对个人还是对社会都具有重要意义，是做人、成事的基础。同时，立德树人对提高文化自信、增强民族认同感也起到了巨大作用，对党的十八大提出的道路自信、理论自信、制度自信和"两个百年目标"具有重要的文化基础作用。

教育是国家发展和社会进步的重要基石，只有牢牢把握住了教育、发展教育才能在时代的洪流中激流勇进。因为，教育具有基础性、先导性和全局性的功能。教育部印发的《关于全面深化课程改革落实立德树人根本任务的意见》，将立

[①] 左丘明. 国学典藏：左传[M]. 上海：上海古籍出版社，2016：667.

德树人教育目标和任务具体化、深入化，同时，结合当前教育中存在的重智轻德的现象和教育改革整体进程中存在的问题提出了解决指导意见。在信息大爆炸的网络时代，多元文化相互碰撞交流使得学生在更加复杂的文化环境中成长，容易受到不良文化的影响。立德树人可以帮助学生树立正确的世界观、人生观和价值观，形成健全健康的人格，全面提高学生的综合素养。

（三）立什么德和树什么人

我们讲立德树人，那么到底要立什么德，树什么人？对于职业教育来说，立德要弘扬优秀传统文化，树立社会主义核心价值观，进行爱国、敬业教育，形成良好的职业道德。从当前的时代特点来看，树人要帮助学生树立高尚的职业道德情操，养成扎实的专业技术和文化素养，形成积极健康的审美情趣和行为习惯，形成健康的择业观和就业观，成为专业能力强、文化素质高的社会主义现代化建设者。

（四）立德树人的切入点

职业学校落实并推进立德树人要把握课程改革这一关键切入点。课程是教育思想、教育目标、教育内容的现实体现和具体实施，是社会主义核心价值观的集中体现，在职业学校教育教学活动中发挥人才培养的核心作用。课程改革是顺应时代发展和国家人才培养机制改革的重要环节，是学校教育改革的重要关联。通过近年来课程改革的实践来看，抓住了课程改革就是把握了文化育人、道德育人、科技育人的关键，只有进一步贯彻落实课程改革才能彻底清除人才培养的机制障碍，才能让立德树人的根本任务真正"落地"。

（五）正确认识立德树人的核心思想

职业学校在贯彻落实立德树人过程中要正确把握立德树人的核心思想，具体地，要认真做到以下五点。

第一，始终坚持正确的育人导向。从根本含义上来看，立德树人和教书育人的高度是一样的，知识在当前阶段，立德树人具有特定的育人要求。职业学校在教学过程中，要正确把握两个育人的关系，既要提高教书育人的质量，也要贯彻落实立德树人，抓好两个教育，"两手抓，两手都要硬"，始终坚持正确的育人导向。

第二，始终坚持正确的教育价值取向。什么是正确的教育价值取向？《国家中长期教育改革和发展规划纲要》明确指出要为每个学生提供最适合的教育，这是我国在教育价值层面上第一次最明确的指示。

第三，始终坚持正确的教育价值观。在正确的价值取向指导下，我们要坚持在抓好学业水平的同时，加入"特色""多样""选择"和"适合"这样一些理念，才能构成一个相对完整的教育质量观。

第四，要关注并重视人才培养模式的创新发展。课程改革的目的是要解决职业教育人才培养模式长期存在的问题，所以说，课程改革只是一个手段。改革是否有效，改革结果如何，就要看职业人才的综合素养如何，是否符合时代和社会发展的需求。

二、职业学校如何落实立德树人

从上面的论述来看，职业教育立德树人就是要给学生最适合的教育促进学生的全面发展。立德树人要求职业教育要深刻理解社会主义核心价值观，并贯彻落实到职业教育中，将专业教育和德育工作结合在一起。

（一）将德育贯彻到学校工作的各个环节

职业学校是职业人才培养的重要基地，职业学校德育是弘扬优秀传统文化和社会主义核心价值观的一部分。要做好职业教育与德育相结合，首先要坚持教书育人、德才兼备、以德润才的教育思想为指导，建设专业素质强、道德水平高的教职工队伍，将道德教育和专业教育深入融合，落实在学校工作的每个环节。职业学校要以"德"字为先，坚持以德育人、依德评价、凭德用人和用德监督，从小处着手，深化细节，将职业教育和德育相结合落到实处，最终形成教育教学、校园文化、社会实践三维一体的育人平台，培养专业技能扎实、道德水平高、职业素养全面的职业人才。

（二）坚持走内涵式发展道路

职业教育要始终坚持立德树人这一根本，走内涵式发展道路。对于职业学校来说，办好学校、做好职业教育，培养符合社会发展的人才是根本使命，意味着职业教育培养的人才不仅是具备扎实专业知识和技能的技术型人才，也是拥有健全人格、职业道德的人才。要成为让国家和人民满意的职业学校，要能够通过职业教育促进学生道德品质的形成和发展，拥有终身学习的能力和可持续发展的潜力；意味着学生在步入社会后，能够肩负起时代赋予青年的使命和责任。

（三）充分发挥课堂教学主渠道作用

课堂教学目前仍然是职业教育最主要的方式，因此，要让德育深入人心，走入学生的头脑，就要充分利用课堂教学，让德育内容走进教材，通过课堂教学引导学生树立正确的世界观、人生观和价值观。职业学校和教师要重视课堂教学的渠道作用，不断完善现有教材体系和课程体系，深化科学先进的教育理念和课程理念，把社会主义核心价值观细化为核心素养和教学内容，融入课堂教学之中。同时，课堂教学还应注意弘扬中华优秀传统文化，逐步在职业教育中推进中华优秀传统文化教育。学校和教师要重视教学方法创新与改革，丰富教学手段和课堂教学形式，将积极的情感和正确的价值观自然融入课程教学全过程。

（四）营造积极的校园文化氛围

学生在职业学校学习期间深受校园文化的影响，因此，职业学校有必要营造积极健康的校园文化氛围，为学生施加良好的环境影响。职业学校可以组织一系列主题教育和专题教育活动，将社会主义核心价值观融入其中，深入开展传统文化、爱党爱国、节约资源、劳动教育等主题或专题的文化活动，着力创造体现社会主义核心价值观的优秀文化校园。同时，职业学校要强化校内文化组织和活动的建设与管理，充分发挥学校组织与管理职能，创建良好校园文化环境。

三、着力推进关键领域和主要环节改革

（一）研究制定学生发展核心素养体系和学业质量标准

要结合学生的生理和心理发展规律以及时代和社会的人才需求，将促进学生综合素质全面发展与社会主义核心价值观的总体要求结合在一起，在具体的教育实际中贯彻落实"培养什么人、怎样培养人"的问题。学校和教师要明确学生在应对社会发展和个人终身发展必须具备的核心能力和主要品格，在教育教学过程中既突出个人修养和综合素质的养成，也重视学生自我完善、团结协作和创新能力的培养。同时，教师应明确教学质量标准，结合职业学生核心素养体系，确定不同学科、不同年级的多层次能力要求和评价标准。教师要深挖教学资源，拓宽教

学的深度和广度，以学生的实际情况和特点为出发点，将核心素养和学业质量要求落实到教学实践活动中。

（二）修订教学内容

要以发展学生的核心素养体系为出发点，结合学科特点，明确不同学科的育人目标和教学任务。要增强专业课和公共基础课的思想性，将社会主义核心价值观的基本内容和要求融入其中，弘扬社会主义法治精神和优秀传统文化，引导学生树立崇高的理想和精神追求，形成积极健康的三观。要提高教材内容科学性和时代性，教材内容不仅要深刻客观反映学科发展规律，还要充分体现先进科学的教育思想和理论，内容覆盖学科新变化和最新的科技成果。要提高教学内容的适宜性，教学内容要符合学生的发展特征以及专业特点，贴近学生的生活。要提高教学内容的整体性，加强相关学科知识间的纵向衔接和横向协调配合。

合理规划必修课与选修课的课时比例，促进学生全面发展，为学生终身发展奠定牢固的基础，拓宽学生的选择机会，满足学生的个性化发展需求。

（三）增强学科教学的育人功能

全面落实以人为本的教育理念。学校应在每学期开学前开展育人思想和教学方法研讨会，明确育人目标、教学内容、教学方法等。要充分发挥学科教学育人功能，并在此基础上，充分挖掘不同学科之间的综合育人功能，开展跨学科综合教育活动，将相关专业学科进行有机整合，全面提高学生的综合素养。充分利用教育信息技术，丰富教学方式和方法，满足学生的个性化需求。强化实习实训机制，增强教学的实践育人功能，促进学生形成正确的职业道德和职业习惯。创新人才培养模式，推进校企联合，深化产教融合，推进社会教育力量协同育人机制。

（四）实施素质教育，科学选拔人才

学校要提高考试命题质量，成立考试命题评估小组，确保考试命题的规范性、科学性和导向性。建立命题小组资格选拔制度，选拔熟悉课程标准和学科重点的教师加入命题组，充分发挥考试在人才选拔的作用。建立科学教育评价机制，强调发展性评价，提高教育评价在促进学生发展、教学改进和教育改革的功能。建立健全多元评价指标体系，把学生道德发展情况纳入教育评价体系，促使社会主义核心价值观内化为学生的精神追求，外化为实实在在的自觉行动。

（五）强化教职队伍育人能力培养

在教师培养体系中纳入社会主义核心价值观。强化教职队伍培养模式和培育体制，重视提高教职队伍的综合素质，增强教职工队伍的育人能力。学校要结合育人目标，以促进师德修养、育人能力为根本目的，积极开展教职队伍培训与研修，构建强大的教职队伍培训团队，延请教材编写专家、优秀教师、教育专家等组成培训队伍。根据课程标准设计培训内容和研修课程，深入挖掘优质培训资源。各教师的培训与研修既要以提高自身学科为主，也要适当兼顾交叉学科的基本内容。开展学校管理层与领导层的专项培训，提高学校管理与领导层的育人活动能力。

（六）完善各方参与的育人机制

创新管理机制和育人机制，聘请社会专业人士和专家学者担当兼职教师、参与教学研究和教学指导。

（七）实施研究实训基地建设计划

在教学管理方面，要贯彻落实国务院发布的《关于加快发展现代职业教育的决定》，加强校企合作，发展工学结合，强化实习实训机制。在教学方面，促进教学模式创新，推行过程导向式教育、项目教学等创新教学模式。增加实训教学比重，提高学生的实际操作能力。通过校企联合招生培养的方式，建立校企一体化育人模式。

（八）整合和利用优质教育教学资源

充分利用信息化手段，通过多种方法和方式，挖掘优质教育资源，建立资源共享长效机制。学校可以通过联合开发、合作、购买服务等多种方式，将区域内教学资源进行优化与整合，搭建资源共享平台。要强化信息技术在教学中的应用，促进优质信息整合与交流，深挖优质教学资源，增强教学资源利用率。促进校企联合，共建实习实训基地，充分挖掘社会教育资源。

第二节 遵守职业道德是职业学校积极德育模式的核心

职业道德是社会道德的重要组成部分，是社会道德在职业生活领域的投射和反映。职业道德能够调节职业关系之间的矛盾，为职业关系的和谐发展提供保障。职业道德能够促进从业人员形成良好的职业品格，纠正不良风气，推动社会主义精神文明建设。

一、职业道德的主要内容

职业道德是什么？职业道德就是与职业活动相关的一系列道德准则和道德品质。职业道德是各行各业从业人员都应遵守的道德规范和都应具备的道德品质。职业道德既是从业人员在职业活动中必须遵守的行为规范，也是从业人员所从事职业对社会应负的道德责任。要深入理解职业道德的内容，可以从以下四个方面入手。

第一，在内容方面，职业道德明确地表达了从业人员的职业责任和职业义务，以及在职业行为上的道德准则。职业道德深刻反映了产业和行业利益的要求。职业道德是在职业实践过程中形成的，所以，职业道德才能深刻反映某一职业特定的道德习惯和道德传统，反映出该职业从业人员的道德心理。

第二，在表现形式方面，职业道德相对而言更加具体和灵活。职业道德往往从本职业的互动实际出发，通过守则、承诺、制度、条例等形式表现出来，这种灵活多变的方式更容易被从业人员所理解和接受，并能在一定实践后形成该职业的道德习惯。

第三，从职业道德的调节范围来看，对内能够调节职业活动中各岗位人员的关系，增强内部凝聚力；对外能够塑造从业人员良好的职业形象，调节从业人员与服务对象之间的关系。

第四，从职业道德的效果来看，职业道德能促进社会道德规范和道德原则转化为职业道德，以及促进个人道德品质的提升。尽管职业道德是在职业活动中形成的，但仍是社会道德的一部分，不能脱离社会道德单独存在。事实上，无论是何种形式的职业道德，都在一定程度上反映了社会道德的要求。同样的，社会道德在很大程度上需要通过职业道德形式表现出来。并且,职业道德表现在从业人员的意识和行为之中,这也是从业人员道德意识和道德行为发展成熟的一种表现。职业道德与职业生活和职业要求相结合,因此具备连续性和稳定性特征,最终形成从业人员较为稳定的职业心理和职业习惯。

二、职业道德的社会作用

(一)有利于调整职业利益关系,维护社会生产和生活秩序

在社会生活中,不同的人在社会活动方面还存在着一定的职业差别,各职业之间、各职业集体内部劳动者之间还存在着各自的职业利益和需要,因此,为了调节职业活动中职业集体与社会整体之间、职业集体之间、职业集体内部劳动者之间的利益关系,保持个人利益、职业集体利益和整个社会利益的基本一致,从而保障社会领域中各种职业的顺利发展,除了采取一系列的政治措施、法律措施、经济措施和行政措施之外,还应当对各种不同职业或职业集体中的劳动者分别提出一些本职业人员应该遵守的具体职业行为准则和规范。这种特殊要求不仅包括专业和技能方面,还包括行为道德调节方面。因此,职业道德是调节职业活动中各种关系、各种利益矛盾的特殊手段,是调整职业关系的基本准则,对维护社会的正常生产生活秩序起着重要作用,是对各个职业集体、各从业人员的特殊要求。职业道德所调整的职业关系包括两个方面:一是职业集体内部劳动者之间的关系。这种职业关系主要包括各部门之间的关系、同事之间的关系、领导和被领导之间的关系。对这种关系需要用职业道德来调节,通过这种调节,要求职业内部的工作者为了同一目标和正当利益和谐地工作,即各部门之间要互相信任、互相配合、彼此兼顾。

(二)有助于提高人们的社会公德水平,促进良好社会风尚的形成

职业道德是对特等的群体即从业人员的要求,而社会公德是对群体公民的要求。人们在职业活动中,必须遵守职业道德的准则。在职业活动之外,人们是以社会人的身份进行活动的,必须遵循社会公德规定的一般准则。社会风尚既是人们精神面貌的综合反映,也是现实社会关系的综合反映。职业道德要求人们遵循本职业的道德规范,既通过构建和谐社会关系来创造物质财富,又通过高度的社会责任感来推进良好社会风气的形成。

（三）有利于完善人格，促进人的全面发展

职业人格是指人作为职业权利和义务的主体所应具备的基本人品和心理面貌。它是一定社会政治制度、物质经济关系、道德文化、价值取向、精神素养、理想情操、行为方式的综合体。它既是人的基本素质之一，又是人的职业素质的核心部分。职业道德通过制定具体的职业岗位责任规范，指导人们明确岗位目标，履行岗位职责、完成岗位任务，培养职业道德品质，进而形成高尚的道德人格，促进从业者的全面发展。

三、社会主义职业道德的基本要求

社会主义职业道德是指建立在社会主义制度基础上，以共产主义道德、社会主义道德为指导，从事一定职业的社会主体在社会主义职业活动中所应遵循的、反映自身职业特征的、特殊的社会主义道德规范，并形成与之相契合的、特定的社会主义道德意识，进行相应的、特有的社会主义道德活动的总和。

（一）社会主义职业道德产生的必然性

人类社会在经历了漫长岁月的变迁后，社会主义制度确立，与之相适应的职业道德也相应出现。社会主义职业道德是一种新型的职业道德，是人类职业道德史上的一次伟大变革、伟大升华。它是共产主义道德的有机组成部分，伴随着社会主义事业的实践而产生、形成和发展，是社会主义职业活动不断完善和经验的总结，是人类历史上职业道德发展的最高成果。

社会主义职业道德的产生是社会主义事业发展的客观要求。

首先，由于职业道德与职业分工紧密相连，因此只要有分工就会有职业道德存在。社会主义社会虽然消灭了某些旧的社会分工，取消了某些旧职业，但劳动分工与职业仍大量存在，而且又出现了新型的职业关系。要保障社会领域中出现的各种职业、行业和部分事业的顺利发展，保持个人利益、职业集体利益和整个社会利益的基本一致，平衡各职业集体之间的关系，不仅需要采取一系列政治措施、法律措施、经济措施和行政措施，还需要适用于不同产业、行业、职业的职业道德去调整。因此，由于社会主义社会仍然有社会分工和职业划分，而且出现新型的职业，这就需要建立新型的社会主义职业道德。

其次，在社会主义社会虽然有共产主义道德原则和规范调整社会各方面的关

系，但共产主义道德原则和规范在表达上毕竟是较概括、抽象的。它要在人们的职业活动中真正成为一种命令和约束力，还需要各个职业集团结合职业活动特点，提出一些具体的职业行为的规范和准则，作为它的具体化和必要补充。

(二)社会主义职业道德的特征

1. 历史性与时代性相统一

社会主义职业道德的产生、发展是历史与时代联系的结果。一方面，作为反映社会主义生产关系和生活方式的一种表现，社会主义职业道德既是时代发展的结果，又是对历史上优良传统道德的继承和发展。讲继承是说它在继承传统优秀道德的基础上，将人类社会公共生活道德规范纳入自身的内涵中，具有最普世性的道德性质；讲时代性是说它基于社会关系的时代特点，根据时代发展的要求和社会主义制度的特殊性，对传统职业道德进行整合，赋予它新的时代使命。如以中国人传统的"忠义"道德要求，就被赋予忠于祖国、忠于人民、忠于党的时代新含义，另一方面，根据社会主义生产方式的要求，提出了新的职业道德要求，如共产主义道德要求就是其区别于旧职业道德的新要求。因此，社会主义职业道德反映了历史与时代的统一，表达了包括共产主义道德、社会主义道德、人类社会公共生活道德三方面道德内容在职业领域内的要求。

2. 阶级性和人民性相统一

社会主义职业道德是无产阶级道德，在阶级社会具有明显的阶级性，其根本目的和任务在于反映工人阶级和广大劳动人民的根本利益。当社会主义制度在我国建立以后，地主阶级、资产阶级等历史性剥削阶级在我国已不复存在，但鉴于我国现处于社会主义初级阶段，社会主义虽然从根本上消灭了剥削阶级和剥削制度，但其他非公有制成分仍将长期存在，加之随着市场经济的发展与世界经济的接轨，特别是市场经济本身具有资本性，在社会主义职业活动的大环境与运行环境中都存在阶级利益矛盾的潜在因素，在一定范围内存在阶级矛盾，这就决定社会主义职业道德的阶级性也必然会长期存在。

社会主义社会工人阶级处于领导地位，但社会主义制度是在工人阶级领导下各阶级社会成员共享的社会制度，需要在考虑各方利益要求的前提下，发挥工人阶级的历史先进性，带领社会主义的其他劳动人民和拥护社会主义的爱国者共同建设社会主义社会，为绝大多数社会主义事业建设者谋利益。工人阶级的利益与其他劳动群众的利益在根本上是一致的，而职业活动正是这种利益的整体表现领域，相应地社会主义职业道德反映和体现的是全体人民的利益和意志，因此具有广泛的人民性，是阶级性和人民性的统一。

随着人类社会向更高级的社会发展阶段过渡，社会主义职业道德的阶级性将会逐渐减弱，人民性会逐步增加，逐渐走向体现社会主义与共产主义道德要求的人民性。

3. 广泛性和层次性相统一

社会主义职业道德是建立在社会主义生产关系基础上的，是受生产力发展水平制约。由于社会主义制度以公有制为基础，代表着生产力发展的方向，能充分反映广大人民群众的实际利益和实际要求，因此社会主义职业道德广泛存在，并深入到社会职业活动的各个领域，发挥着基础道德调节功能，为社会职业各主体所认同与接受，具有广泛性。同时，在体现经济所有制方面，我国是以公有制为基础，多种所有制并存方式来发展的，在职业领域存在着生产发展水平高低不同的特点，加之我国经济、历史发展造成的区域文化差异和公民受到的教育程度的差异。决定了人们在职业认识、思想意识、道德要求等方面存在的差异，社会主义职业道德为适应这种现实，形成了具有不同思想道德境界、不同行业和职业特点的多层次的职业道德体系，例如，党的领导层、公权力的使用者、公有制基础上的普通劳动者，以及其他所有制基础上个体经营者、私营经济和外资企业的经营者与劳动者，形成了由高到低不同层次的职业道德要求。这些不同要求之间既有区别又有联系，是社会主义职业道德体系的有机组成部分。因此，社会主义职业道德的广泛性和层次性有着内在的一致性。

4. 内容功能的先进性和评价标准的客观性相统一

社会主义职业道德先进性主要表现在两个方面：一是内容的先进性，二是功能的先进性。内容的先进性是至今为止对人类社会最先进的社会经济关系的反映。这一基本特性决定了社会主义的职业关系是建立在平等的基础之上的，既有适应社会主义现代化建设需要的锐意进取、勇于竞争、用户至上、质量为本、竞争与协作共存、利润与双赢共举的新内容，又有涵盖传统职业道德精华的遵纪守法、勤俭节约、艰苦奋斗、团结互助、爱岗敬业、诚实守信、办事公道等内容。这使得社会主义的职业道德不仅在内容上极为丰富，而且在属性上也具有先进性。功能的先进性是在马克思主义指导下，批判地吸收大量人类历史上职业道德的优秀传统，消除了剥削阶级职业道德中的不合理因素，使之成为至今为止既能够反映现存经济关系，又着眼于人类社会未来发展的新型道德。提倡全心全意为人民服务的共产主义决心，激励更多的人为实现共产主义的美好理想而奋斗，克服了旧有职业道德上的功能缺陷。

虽然社会主义职业道德具有先进性的特征，但由于社会生活中还存在着非社会主义性质的职业道德现象，甚至是一些腐朽和没落的道德现象，有的现象甚至披上了一层伪善的外衣，使得我们难以辨别真假好坏。

因此，对社会主义职业道德先进性的评价应该有一个可以衡量的客观标准。这个客观标准就是：有利于解放和发展社会主义生产力，有利于国家的统一、民族的团结和社会的进步，有利于以追求真善美、抵制假丑恶、弘扬正气、帮助公民履行自己的权利和义务，以开拓创新、锐意改革的精神和诚实守信、无私奉献的品德创造美好生活。只有符合这些基本要求的职业道德，才能真正体现社会主义职业道德的先进性。正是这种内容功能的先进性和评价标准的客观性相统一，才使社会主义职业道德具有顽强的生命力，才是职业道德发展的方向与归宿。

第三节　爱岗敬业是职业人立德的基础

爱岗敬业是职业道德和职业道德教育的核心内容，是社会对从业人员职业态度的基本要求。爱岗敬业是个人生存和职业发展的需要，也是企事业单位进一步发展的需要。爱岗和敬业二者缺一不可，相互促进，共同发展。

一、爱岗敬业的内涵

从字面意思来看，爱岗就是热爱自己的职业、岗位和本职工作；敬业就是以严肃端正的态度对待自己的职业和本职工作，恪尽职守、勤劳肯干、尽职尽责。爱岗是每个从业人员都应具备的职业态度，是做好自己本职工作的基本前提。爱岗的典型表现就是"干一行，爱一行"，能在坚守本职岗位、从事本职工作的时候获得满足感和自我价值的实现。只有真正热爱自己的职业才能在工作中主动提高自己的职业知识和技能，探索工作的规律和有效方法。敬业的表现是认可自己所从事的职业和工作，并能始终秉持尽职尽责、忠心耿耿、拼搏进取的态度和精神。敬业体现的从业人员对待职业和工作的思想觉悟和态度，反映其所在单位的整体素质，所以，敬业既是一种精神，也是一种行为，是职业精神和职业行为的有机结合。如果将社会看作是一台机器，其中任何一个环节或部分出现问题都会影响整台机器的正常运转。从业人员就像这台机器上的一个螺丝钉,如果从业人员对待自己的职业和工作无法恪尽职守、尽职尽责,就会对整个集体的工作造成不良影响,甚至对整个单位乃至国家造成不良影响。

爱岗和敬业是不可分割的,相互促进、互为前提。爱岗是敬业的前提和基础,无论是对职业还是对待其他事物,只有先有"爱"才能"敬"。只有先"爱岗",才能踏踏实实从事工作,并在工作中取得一定成绩。敬业是爱岗的表现,是爱岗的升华,是对本职工作、岗位责任、职业荣誉的深刻理解。只有敬业才能在工作中有意识地提高职业知识和技能,努力提升自己的业务能力。如果从业人员没有对自己的职业和工作产生热爱,就无法做到真正的敬业。但是,对职业空有热爱而缺乏勤奋刻苦,也很难在工作中取得一定成绩,热爱也就成了一句空谈。

二、爱岗敬业的意义

对于社会主义现代化建设而言,爱岗敬业是一项基本内容,并且是位居前列的。随着时代和社会的变迁,人们的职业观念也在不断变化,爱岗敬业这种态度和精神无论是对个人还是对企事业单位的成长和发展都具有重要意义。

(一)爱岗敬业是中华民族的传统美德

首先,爱岗敬业体现了中华民族的传统美德。人的社会属性决定了人一定要在社会中承担某种角色才能在社会中生存下去。每个人有大半时间都是在职业岗位上度过的,每个人都是在自己的岗位上通过职业活动为社会创造价值并实现个人价值的。爱岗敬业是人们在从事职业活动过程中恰当地调节个人与个人、个人与集体相互关系的基本准则,是集体主义道德原则在职业活动中的体现。爱岗敬业体现了个人职业道德水平。

其次,爱岗敬业反映了一个社会的文明程度。爱岗敬业是社会主义道德文明的客观要求。敬业是社会对从业人员最基本的行为要求,是建立良好职业秩序的基础和前提,是每个从业人员都必须遵守的职业规范,也是任何时代都倡导和追求的职业精神。无论是什么职业、什么岗位,都是个人在社会中生存和发展的物质来源保障。并且,每个职业和岗位的存在也体现了社会发展的需求。所以,每个从业人员都应树立爱岗敬业的精神,对自己从事的职业投入情感,对工作精益求精,才能在职业活动中有所成就。

(二)爱岗敬业是社会主义市场经济有序发展的直接保证

首先,爱岗敬业能够维护良心的市场竞争,稳定市场秩序,保证市场有序运行。在市场经济中,市场机制是主力,这就决定了每个市场主体都想尽可能在市场竞争中获取最大利益。这种竞争不仅是卖方与卖方之间的竞争,也是卖方与买方之间的竞争。但无论如何竞争,都应促使双方的合理利益得到实现,如此才能促进经济的发展。竞争需要规则的束缚,交易双方在市场中的权利是平等,选择是自由的,只有维持了平等和自由,才能确保交易的有序进行。要创建平等自由的市场秩序,除了必要的法律手段约束外,还需要倡导爱岗敬业、诚实守信、公平公正等道德准则,提高交易双方的道德水平,形成良好的道德环境。

其次,爱岗敬业有利于市场非价格竞争的发展,提升生产经营效率。就如前面所言,在市场经济中,市场主体都在努力争取利益,竞争总体上可以分为价格竞争和非价格竞争两种。其中,非价格竞争是一种带有道德意味的竞争。一方面,非价格竞争促使生产者努力提升产品的价值;另一方面,非价格竞争能够促使生产者努力提升生产效率,提高剩余价值。爱岗敬业是从业者在生产过程中充分发挥自身能力,努力钻研,提高生产效率和生产质量。这从实际上来看就是一种开拓进取、良性竞争的结果,促使从业人员在劳动技能、技术水平、经营者决策水平与管理水平的提升,促进劳动生产率的提高,从而推动生产力的发展。

最后,爱岗敬业有利于社会公有制的稳定和发展。社会公有制是社会化大生产的必然结果,是社会化分工与协作发展的客观要求。因为二者都要求要解放和发展生产力,强调要提高生产效率。同时,公有制倡导消除两极分化,实现共同富裕,强调实现社会公平。效率和公平就是经济发展的核心和本质。效率是发展的基础,是必要手段;公平是发展的条件和目的。强调和落实爱岗敬业精神,有利于促进社会分工和协作发展,促使从业人员在劳动实践过程中不断提高职业水平,有利于提高劳动收入的比重,从而克服两极分化,逐步实现社会公平,最终达到稳定社会公有制的目的,为社会主义市场经济的发展奠定制度基础。

总而言之,社会主义市场经济是一种自由竞争的经济制度。在市场经济条件下,从业人员可以自由选择自己的职业,并在工作岗位上发挥自身特长,但是,要想在竞争中生存下去并取得良好发展,就需要实现自己的职业利益,而爱岗敬业就是提高个人竞争力的必要因素。从业人员只有在自己的职业岗位上勤勤恳恳、兢兢业业、精益求精,才能在职业活动中实现自我提升,才能在激烈的竞争中立于不败之地。社会主义市场经济倡导职业道德，良好的职业道德取决于个人理想和信念，有赖于爱岗敬业精神。

三、爱岗敬业的行为要求

职场是对每个人都至关重要的人生舞台，是一个展现个人才华、创造个人价值和社会价值的重要平台。工作是社会赋予每个人的责任，是人在社会中生存和发展的保障。每个人只有在工作岗位上发扬爱岗敬业的精神，才能充分发展和展示个人才华，成就理想。爱岗敬业有下述几个行为要求。

（一）热爱本职工作，尽忠职守

热爱本职工作要求从业人员对自己所从事的职业和所在的工作岗位保持热爱，也就是所谓的"干一行，爱一行"；尽忠职守要求从业人员能够认真履行自己的岗位职责，兢兢业业、尽忠职守。热爱本职工作是尽忠职守的条件，尽忠职守是热爱本职工作的体现。

1. 培养从业人员高尚的职业情感和职业道德

职业情感是指从业人员对待职业的态度。职业情感较强的人，能够深刻理解自己的职业和岗位，并对其产生深切的需求，所以能对自己的职业和岗位产生热爱，感到骄傲和自由。强烈的职业情感是促使人们恪尽职守的催化剂。在劳动实践过程中，从业人员会自觉的履行职业道德规范，使职业道德的要求在头脑中形成思维定式。

2. 培养从业人员尽忠职守的职业态度

尽忠职守是社会对从业人员最基本的职业道德要求，也是劳动实践活动有序进行的必要条件。这是因为，每个职业岗位都承担着一定的职责和义务，这就要求从业人员要严格遵守职业活动要求，发挥岗位职能，实现本岗位与其他岗位之间的有效衔接和正常运转，并能承担该岗位的社会活动。每个从业人员都能认真履行岗位职责与义务，职能部门才能有序运转并发挥自身作用，从而促进整个集体的正常运转。

3. 培养从业人员"干一行，爱一行"的工作作风

只有做到"干一行，爱一行"才能使从业人员在岗位上充分发挥个人才智，认真履行岗位职责。每个从业人员在职业岗位取得成绩的大小取决于他对职业的热爱。当然，人们也可以凭借责任感和义务感从事工作，但这种工作对个人而言往

往是一种压力和不得不承担的责任，使人产生抵抗、厌倦的情绪，很难在工作中获得乐趣，产生成就感和荣誉感，也很难激发人的积极性和创造性。相反，一旦人对自己的工作产生热爱，那么工作对于个人而言就不是一种负担，而是一项实现自我价值的有意义的社会活动，会在工作中获得满足感和荣誉感，履行工作职责也成了自身的内在需求。可见，对职业产生和保持热爱对个人事业发展具有重要意义，直接关系到人们能否在劳动实践充分发挥积极性和创造性，实现自我价值的提升。

（二）钻研业务，精益求精

钻研业务和精益求精是爱岗敬业的根本表现。爱岗敬业不只是从业人员对职业和工作的热爱，还能将人的这种热爱转化为实际行为，即精业。精业是敬业的体现。随着社会的发展，社会分工更加细致，每个职业岗位都具有较强的专业性，所以，只有乐业和勤业是不够的，还需要从业人员在劳动实践过程中不断钻研业务，努力提升自己的职业技能，才能真正地做到敬业，实现职业价值。

1. 树立终身学习意识，培养钻研精神

在市场经济条件下，社会对人才的要求越来越高，人才竞争也更加激烈。这种竞争不仅是就业的竞争，还包括从业后的岗位竞争，要面对岗位人员的优胜劣汰。在这种局面下，从业人员必须养成终身学习意识和钻研意识，不断提高自身职业技能和能力，做到在工作中学习，在学习中实践，永远掌握职业前沿成果，才能在从业竞争中立于不败之地。随着知识经济时代的到来，科学技术的转化是生产力的速率大大提高，在促进生产、提高经济效益方面的作用也越来显著。因此，从业人员一定要树立终身学习的意识，提高钻研精神，这不仅是职业道德要求，也是时代对新型从业人员的要求。

2. 提升业务能力和服务水平

扎实的专业技术与钻研精神相辅相成才能使尽职尽责落到实处。无论什么职业，都能在自身业务领域发挥巨大作用。所以，从事什么职业并不是最重要的，而是从业人员以什么样的方式从事自己的工作。要在工作岗位上取得出类拔萃的成绩，熟悉岗位要求、掌握岗位技能是最基本的要求。同时，需要从业人员树立钻研精神，在劳动实践中不断丰富理论知识、提高专业技能，提升自己的业务能力和服务水平。

3. 与时俱进，掌握职业科学前沿

如果一个从业人员能站在对社会、对职业极端尽责的高度，就会在劳动时间中刻苦钻研，及时掌握职业科学和技术前沿，努力提升自己的业务能力和技术水平。在科学技术发展日新月异的时代，社会分工会越来越细，工作岗位的技术含量越来越高，对每个从业人员的专业知识、技术素养、工作能力等方面的要求也会越来越高。如果只有爱岗敬业的美好愿望而缺乏满足职业要求的基本素质，那么这种爱岗敬业就毫无意义。爱岗敬业必须要落到实处，在本职工作中发挥自身的才能，在岗位上成才。所以，从业人员必须在劳动实践中努力学习与职业相关的最新的科学知识，掌握最先进的科学技术，不断武装自身，提高执业本领，丰富职业技能。只有这样，才能在尽职尽责地完成本职工作，满足时代和社会的发展需要，成为本职业和岗位中的能人和专家。

（三）锐意进取，开拓创新

锐意进取和开拓创新是职业道德的基本规范，集中反映了时代精神风貌。锐意进取和开拓创新指的是从业人员在工作中勇于走出舒适圈，打破陈旧，有克服一切困难的勇气和决心，不满足于现在成绩，不断进取，攀登新的高峰。

1. 树立创新意识，培养创新思维

创新意识和创新思维是打破陈规、开拓进取的能力。机遇不仅是留给有准备的人，也是留给不容易满足、大胆创新的人。要提高创新能力，就要有不迷信权威的创新意识和创新精神，能够用创新思维为工作探索新的发展道路，打开新的格局。社会主义制度下，各种职业活动的最终目的都是满足人们日益增长的物质和文化需求，这种需求不是一成不变的，而是会随着社会和时代的发展不断丰富、变化和发展的。因此，职业活动也不能永远停留不前，需要适应人们需求的变化和发展，不断提高和丰富现有思想观念、管理方法、工作方法、技术工艺等，这就要求从业人员在岗位上不断提高业务内涵和服务水平。具体来说，就是要求从业人员在熟练掌握职业知识和技能的前提下，主动适应社会和时代发展的态势，积极大胆地探索效率更高、质量更好的管理方法、工作方法和技术工艺等。要善于吸收新鲜事物，学习新的知识，勇于探索未知领域；要不畏困难，有打破一切艰难险阻的勇气和决心，锲而不舍，一往无前。

2. 拓展创新领域，实现全面改革

创新包括理论创新、体制创新和科技创新。理论创新是一切创新的理论基础

和前提，体制创新为创新活动提供制度保障，科技创新是创新活动不断前进的动力。开拓进取、不断创新就是要积极拓宽创新领域，将理论创新、体制创新和科技创新有效结合在一起，将创新结果应用到职业活动中的各个领域和环节，如此才能做到全面深化改革，创造新的发展局面。

3. 扩大改革力度，积极参与国际竞争

随着全球一体化进程不断深入，为世界各国的发展提供了更多发展机遇，也说明国际竞争将会更加激烈。世界各国都在抓紧发展以应对未来日益激烈的国际挑战。在国内经济稳步发展，人民物质生活水平大幅度提高，思想文化和价值观念经历巨大变迁，大量新的思想观念、新事物、新科学技术不断涌现，要求各行各业从业人员都能适应这些变化，并能对新事物进行有甄别的继承和发展，形成顺应时代和社会发展的新的管理体制和运行机制，不断改革创新，才能在国际竞争中崭露头角。

参考文献

[1] 狄晓光. 网络(新媒体)环境下关于中职学校德育的探究[J]. 现代职业教育, 2022(13)：148－150.

[2] 任禾. 教育改革背景下职业教育思想政治教育创新研究[J]. 现代职业教育, 2022(07)：166－168.

[3] 李海娟. 中高职贯通学生德育工作调查分析和建议[J]. 中原工学院学报, 2021, 32(06)：85－90.

[4] 杨潇伟. 生命教育视域下中职学校德育工作策略[D]. 湖南师范大学, 2021.

[5] 陈丽莹. 新时代做好职教生德育工作初探[J]. 现代职业教育, 2021(43)：132－133.

[6] 沈杰. "三全育人"理念下中等职业学校德育的案例研究[D]. 渤海大学, 2021.

[7] 苗月. 和谐社会建设下中职德育教育存在的问题及对策研究[C].2021年基础教育发展研究高峰论坛论文集, 2021：905－906.

[8] 许长清. 德育为先, 育人为本——论德育管理中人性化管理对班级管理的作用[J]. 现代职业教育, 2021(29)：162－163.

[9] 李美玲. 中职学校教学中有效渗透德育的策略研究[J]. 现代职业教育, 2021(29)：192－193.

[10] 陈建林. 职业学校汽车维修专业学生培养工匠精神的探究[J]. 时代汽车, 2021(14)：39－40.

[11] 戴洁洁. 新时代中职学校职业道德教育的实效性研究[D]. 福建师范大学, 2021.

[12] 章奕航. 地方传统文化融入职业教育的个案研究[D]. 浙江师范大学, 2021.

[13] 赵静卫. 试论面向社会需求职校德育教育模式[J]. 时代汽车, 2021

(09)：39—40.

[14] 李欣悦．普职融通视角下职业启蒙教育师资队伍建设研究[D].湖南师范大学，2021.

[15] 唐彬．职业道德与法律课教学的人种志研究[D].南京师范大学，2021.

[16] 刘国旺．浅谈中职学校分层次开展德育工作的现实意义[J].现代职业教育，2020(42)：188—189.

[17] 宋方祥．职业教育背景下如何在安全教育课堂中渗透德育教育、提升安全意识[C].2020年"区域优质教育资源的整合研究"研讨会论文集，2020：205—206.

[18] 万国钰．新时期中职心理健康教育渗透德育的途径[J].现代职业教育，2020(31)：226—227.

[19] 任洁．中职学校德育隐性课程建设的对策研究[D].河北师范大学，2020.

[20] 张晓薇．经亨颐德育思想研究[D].浙江大学，2020.

[21] 罗洁．积极德育下的职业学校学生管理模式创新研究[J].哈尔滨职业技术学院学报，2021(05)：71—73.

[22] 程红艳，胡幸．积极德育模式的理论依据和实践策略[J].教育科学研究，2021(03)：50—58.

[23] 马鸳．积极德育与消极德育的比较研究[D].江西科技师范大学，2018.

[24] 胡海燕．积极德育理论在学校德育工作中的应用[J].教育观察(下半月)，2017，6(02)：40—41.

[25] 周晓宜．积极德育理论的四维度分析及其启示[J].北京青年政治学院学报，2013，22(02)：61—64.

[26] 孙伟．积极德育价值取向初探[D].首都师范大学，2008.

[27] 李西鹏．论积极德育的实践路径[J].广东教育(综合版)，2021(08)：53.

[28] 赵秀利．有机整合德育途径，建设"积极德育"体系[J].北京教育(普教版)，2020(10)：58—60.

[29] 刘丽芳，祝铨云．整体提升：新时代区域德育建设路径研究——以深

圳市龙华区"积极德育"为例[J].中小学德育,2020(07):57-60.

[30] 吴荣平.职业学校积极德育范式:意蕴、反思及其实施[J].职教通讯,2020(04):60-66.

[31] 孙陈英.浅谈在积极德育视野下提升职校学生的幸福感[J].轻纺工业与技术,2019,48(11):177-178.

[32] 吴国先.学校积极德育生态的构建[J].广东教育(综合版),2019(11):62-63.

[33] 李敏明.中职学校积极德育的探索和实践[J].知识经济,2019(25):106+108.

[34] 王静,隋美荣.积极德育理念对职业学校德育工作的启示[J].南方职业教育学刊,2019,9(01):62-66.

[35] 邵协.对问题学生积极德育教育的探索与实践[J].时代报告,2018(11):224-225.

[36] 蒋梦超.浅谈提高心理幸福感对职业学校积极德育模式的作用[J].时代教育,2018(01):13.

[37] 季成伟.生涯规划:积极德育实践的新路径[J].江苏教育,2016(64):44-45.

[38] 李萍.以读书为介质探索积极德育新途径[J].山西青年,2016(20):137-138.

[39] 梅暖英,张寅.以积极德育提升职校学生的发展潜能[J].江苏教育,2016(36):47-48.

[40] 蒙山县地方志纂委员会.蒙山年鉴[M].南宁:广西人民出版社,2019.

[41] 张瑾.启航·守望·追梦[M].上海:上海交通大学出版社,2019.

[42] 邵学伦,唐文秀,马红梅.教育援青"山东方案":山东-海北教育合作科研课题成果集[M].济南:山东科学技术出版社,2019.

[43] 潘永惠,张寅,陈尊雷.职业学校积极德育模式构建与实践[M].北京:知识产权出版社,2018.

[44] 楼列娜.阳光里的遇见杭州市旅游职业学校德育工作成果集萃[M].杭州:浙江工商大学出版社,2018.

[45] 孟伶泉,吕峰,张琸玡.基于现代理念的教育理论与实践[M].北京:

中国书籍出版社，2018.

[46]金琪.位而善育——学校党建工作的理念创新与实践变革[M].上海：上海教育出版社，2018.

[47]河北省教育厅.河北教育年鉴[M].石家庄：河北教育出版社，2018.

[48]陈杰浩，史继筠，吴桐，等.育才之本学工为基[M].北京：北京理工大学出版社，2018.

[49]河北省教育厅.河北教育年鉴（2015年卷）[M].石家庄：河北教育出版社，2018.

[50]绍兴市地方志纂委员会办公室.绍兴年鉴[M].宁波：宁波出版社，2018.

[51]李义梅.黄骅年鉴[M].石家庄：河北人民出版社，2018.

[52]宝鸡市金台区地方志办公室.金台年鉴[M].西安：陕西人民出版社，2018.

[53]王振鹏，刘凤彪.河北省职业教育发展研究报告[M].保定：河北大学出版社，2018.

[54]曾学龙.民办职业学校思政课协同育人教学模式创新的实践[M].广州：广东高等教育出版社.

[55]范国睿.2017中国教育政策蓝皮书[M].上海：上海教育出版社，2018.

[56]高慰，杭国金，马岚，等.2018.职校生心理和谐与幸福教育策略[M].北京：知识产权出版社，2018.

[57]庞学光.教育的理想与理想的教育[M].北京：中国文史出版社，2018.

[58]代祖良.创新校园文化的途径与方法[M].北京：光明日报出版社，2018.

[59]徐继存，潘洪建.当代教育评论（第7辑）[M].镇江：江苏大学出版社，2018.

[60]淮北师范大学教育硕士案例教学课题组.教育硕士教学案例集[M].徐州：中国矿业大学出版社，2018.

[61]谭顶良.高等教育心理学[M].南京：南京师范大学出版社，2018.

[62]何吉永.精诚精湛技近乎道[M].成都：四川大学出版社，2018.

[63]冯建军.道德教育:交往实践的新阐释[J].江苏教育学院学报(社会科学版),2002(03):39—43.

[64]班华.再论"心理—道德教育"[J].教育科学研究,2010(06):27—30.

[65]肖川.德育新观念:主体性道德人格教育[J].北京教育,1998(05):19—20.

[66]檀传宝.对德育过程的改造——论德育形式美[J].现代教育论丛,1997(03):1—6.

[67]杜时忠.制度何以育德?[J].华中师范大学学报(人文社会科学版),2012,51(04):126—131+4.

[68]刘慧,朱小蔓.生命叙事与道德教育资源的开发[J].上海教育科研,2003(08):12—17.